TOSEL PELT

ESPT

TOEIC Bridge

영어시험이 기다려지는

초등
최강
영단어

E2K 저

TOEIC Bridge ESPT

TOEIC Bridge

PELT TOSEL

기름 주는 출판

씨앤톡
See&Talk

지은이 E2K

E2K는 'English to Kids'를 줄인 말로 어린이들에게 영어를 쉽고 재미있게 가르치는 법을 연구하는 선생님들이 모인 곳이랍니다. 아이들의 눈높이에서 영어 학습의 어려운 점을 알아내고 이를 돕기 위한 연구를 통해 다수의 영어 교재를 집필하시며, 새로운 영어교재의 장을 열기 위해 한 걸음 더 앞서가고 있습니다.

집필교재

PELT 1, 2, 3급 기출분석, 모의시험 및 PELT Standard Book 1, 2, 3급 / TOSEL Junior, Basic, Starter / How to Master Skills for the TOEFL iBT Reading, Listening, Speaking, Writing / 〈무작정 따라하기〉 시리즈–영어일기, 실력영어회화, 영어마을, 영어단어, 영문법, 영어회화 / 미국 초등학교 교과서에서 뽑은 English Reading 1, 2, 3 외 다수

초판 발행 2008년 01월 17일
초판 10쇄 2019년 01월 15일

저자 E2K
발행인 이진곤
발행처 씨앤톡

등록일자 2003년 5월 22일
등록번호 제 313-2003-00192호

ISBN 978-89-6098-032-7 (63740)

주소 경기도 파주시 문발로 405 제2출판단지 씨앤톡 사옥 3층
홈페이지 www.seentalk.co.kr
전화 02-338-0092
팩스 02-338-0097
ⓒ2008, 씨앤톡

이 책을 들어가며

단어만 알면 어떤 긴 문장도 무섭지 않다!

아무리 어렵고 긴 영어문장이라도 일단 아는 단어 한두 개만 나온다면 대충 그 문장이 어떤 내용인지를 유추해낼 수 있죠. 이렇듯 단어 학습은 영어 습득에 있어 아주 중요한 열쇠라고 할 수 있습니다.

초등 고학년 및 중학대비, TOSEL, PELT 영어검정시험 출제된 단어들로 구성!

영어가 일정한 궤도에 오르기 시작한 학생들 중에는 간혹 "영어가 도통 늘지 않는 거 같아" 라고 말을 하는 경우가 있습니다. 그 학생들의 영어성취도를 진단해 보면 분명 알아야 될 단어 양이 본인의 영어 수준에 비해서 많이 부족한 경우가 태반입니다.

이때 꾸준한 단어 학습을 하지 않는다면 그 학생은 영어에 대한 흥미를 못 느끼게 되고 영어는 마냥 어렵고 지겨운 공부로만 생각하게 될 것입니다.

이런 학생들을 위해서 본 교재에서는 초등 고학년들이 꼭 알아야 하는 단어들과 중학교 대비를 위해서 기본적으로 알아야 될 단어들을 모아두었습니다.

또한, 기존에 시행되고 있는 TOSEL(토셀)이나 PELT(펠트) 등과 같은 영어검정시험에서 빈번히 출제되어졌던 단어 및 숙어들도 함께 익히도록 모아두었습니다. 주제별로 단어들을 엮은 본 교재는 초등영어교과과정과 여러 영어검정시험에서 다루어진 주제들을 모두 모아서 그 주제와 관련된 단어들을 선별하였습니다.

듣고, 말하고, 써라!

단어 익히는 데 힘들어 하는 학생들에게 단어들이 좀 더 쉽고 오래 머리속에 머무르게 하는 방법을 알려드리겠습니다. 우선, 새로운 영어단어를 오디오 CD에서 들려 주는 원어민의 발음으로 여러 번 반복해서 듣고 그 단어가 귀에 익숙해지면 여러 번 큰소리로 그 단어를 말해 봅니다. 그 후, 그 단어가 들어가는 예문을 이해하고 본인의 일상생활 속에 그 단어를 사용할 수 있도록 노력합니다. 이렇게 본인의 생활 속에 단어를 심어 넣는다면 그 단어는 쉽게 잊혀지지 않을 것입니다.

E2K

이렇게 공부하세요

단어 공부하기

각 과는 해당 주제에 맞는 단어와 표현들을 모아 발음기호, 뜻, 그리고 예문 등을 제시하여 학생들의 단어 익힘을 돕고 있습니다. 마지막으로 기본단어들을 다시 한 번 확인하여 학생들의 어휘 폭을 넓히는 데 유용합니다.

표제어
반드시 알아두어야 할 단어와 표현들입니다.

lamp
[læmp] 램프

picture
[píktʃər] 픽처

우리말 뜻
해당어휘의 가장 많이 쓰이는 의미부터 정리하였습니다.

참고) 명 = 명사, 형 = 형용사, 동 = 동사, 부 = 부사, 숙 = 숙어, 표 = 표현(흔히 함께 쓰는 단어를 한번에 익힙니다.)

명 침대
My bed is very soft.
내 침대는 아주 푹신해.

명 등불, 램프
This lamp is brigh
이 램프는 밝다.

lamp
[læmp] 램프

picture
[píktʃər] 픽처

blanket

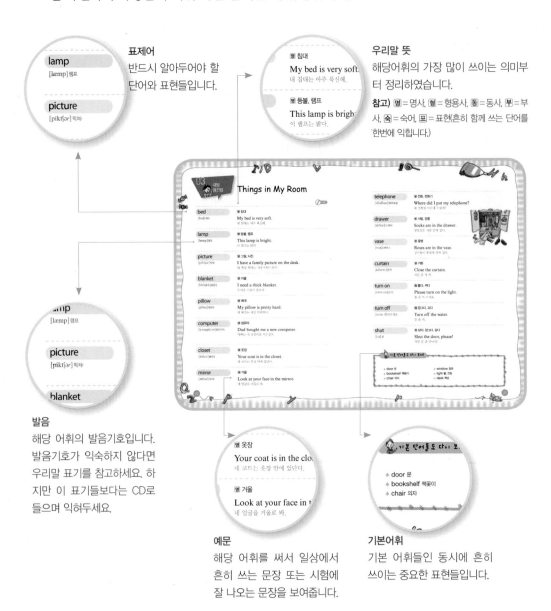

발음
해당 어휘의 발음기호입니다. 발음기호가 익숙하지 않다면 우리말 표기를 참고하세요. 하지만 이 표기들보다는 CD로 들으며 익혀두세요.

명 옷장
Your coat is in the clo
네 코트는 옷장 안에 있단다.

명 거울
Look at your face in t
네 얼굴을 거울로 봐.

예문
해당 어휘를 써서 일상에서 흔히 쓰는 문장 또는 시험에 잘 나오는 문장을 보여줍니다.

◆ door 문
◆ bookshelf 책꽂이
◆ chair 의자

기본어휘
기본 어휘들인 동시에 흔히 쓰이는 중요한 표현들입니다.

문제 풀기

다양하고 재미난 문제 유형을 가지고 앞에서 공부한 단어를 보다 확실히 익히고 확인하는 단계입니다.

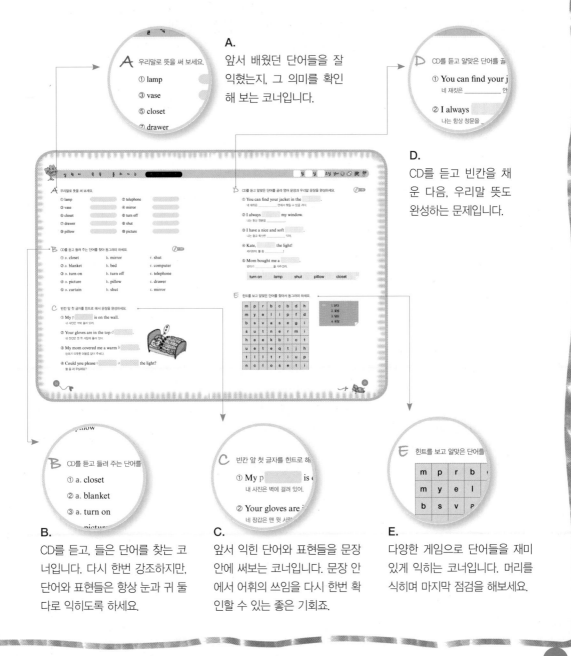

A 우리말로 뜻을 써 보세요.
① lamp
③ vase
⑤ closet
⑦ drawer

A.
앞서 배웠던 단어들을 잘 익혔는지, 그 의미를 확인해 보는 코너입니다.

D CD를 듣고 알맞은 글
① You can find your j
네 재킷은 _____ 안
② I always
나는 항상 창문을 _

D.
CD를 듣고 빈칸을 채운 다음, 우리말 뜻도 완성하는 문제입니다.

B CD를 듣고 들려 주는 단어들
① a. closet
② a. blanket
③ a. turn on
  ...picture

B.
CD를 듣고, 들은 단어를 찾는 코너입니다. 다시 한번 강조하지만, 단어와 표현들은 항상 눈과 귀 둘 다로 익히도록 하세요.

C 빈칸 앞 첫 글자를 힌트로 하
① My p_____ is o
  내 사진은 벽에 걸려 있어.
② Your gloves are i
  네 장갑은 맨 윗 서랍

C.
앞서 익힌 단어와 표현들을 문장 안에 써보는 코너입니다. 문장 안에서 어휘의 쓰임을 다시 한번 확인할 수 있는 좋은 기회죠.

E 힌트를 보고 알맞은 단어들

m	p	r	b
m	y	e	l
b	s	v	ə

E.
다양한 게임으로 단어들을 재미있게 익히는 코너입니다. 머리를 식히며 마지막 점검을 해보세요.

도전! 영어 검증 시험

이 책에 나온 어휘들을 다 익혔다면, 아래에 소개한 영어 검증 시험에 도전해 보세요. 그 동안 쌓아온 영어 실력을 점검할 좋은 기회가 될 것입니다.

TOSEL (Test of the Skills in the English Language)
영어 구사 능력을 측정하는 공인 영어능력인증 시험

EBS 한국교육방송공사가 주관하는 공인 영어 능력인증 시험제도

TOSEL은 대학입학수학능력시험 출제위원 교수들이 우리의 실정에 적합하게 개발한 시험이며, 국가공공기관인 EBS 한국교육방송공사가 주관하는 공인 영어능력인증 시험제도입니다.

영어사용자 중심의 맞춤식 공인 영어능력인증 시험제도

TOSEL은 동일한 난이도와 문항형식으로 연령에 관계없이 획일적으로 평가하는 기존의 시험제도와 달리 각급 학교의 교과과정과 연령별 인지단계를 고려한 각 단계별 난이도와 문항형식으로 영어숙달 정도를 측정함으로써 영어사용자 중심의 맞춤식 공인 영어능력인증 시험제도입니다.

초등, 중등, 고등, 대학생, 일반인을 대상으로 실시하는 시험이며 연4회 시행한다.

구분	구성	문항	시간
ADVANCED	Listening & Speaking	40 문항 46 문항	총 90분
INTERMEDIATE	Listening & Speaking	40 문항 47 문항	
JUNIOR	Listening & Speaking	30 문항 30 문항	총 50 분
BASIC	Listening & Speaking	30 문항 30 문항	
STARTER	Listening & Speaking	20 문항 20 문항	총 40분

[시험 접수]

온라인 개인접수: 홈페이지(www.tosel.org) 접속 후 [시험접수] 〉〉 [온라인 개인접수] 메뉴를 통해 접수할 수 있으며 지역본부를 통한 지원서 접수

PELT (Primary English Level Test)
한국외국어평가원에서 주관하는 영어 자격 검정시험

교육 인적 자원부로부터 영어부문 국가 공인자격 제 1호를 취득한 한국외국어평가원에서 실시하는 초등학생을 위한 영어 자격 검정시험입니다.

초등영어 1,2,3급에서는 설정된 난이도 기준에 따라 어린이들이 활동하는 범위를 가정생활, 학교생활, 사회생활로 점차 확대시켜 그 과정에서 알거나, 보거나, 듣거나, 느끼거나, 체험하는 사물들 또는 그 주변에서 전개되는 제반 상황 등을 나타내는 기초, 기본적인 영어를 듣고 그 내용과 제시된 그림에서 답을 고르게 하거나, 제시된 글을 읽고 요구되는 답을 고르는 형식의 객관식 듣기시험과 읽기시험 또한 문장의 기본 구조 및 단어의 철자 등을 쓰는 형식의 주관식 쓰기시험을 치릅니다.

급 별 검정 기준

각 급 별 검정시험에서 전체 취득 점수의 60% 이상을 취득한 경우에 '합격'으로 하며, 95% 이상을 취득한 경우에는 '우등합격'으로 합니다.

검정 체제

초등 1급	초등 2급	초등 3급
– 60문항 (약 55분) – 4지 선택형 및 쓰기 – [듣기(33)+읽기(22)+쓰기(5)] ＊ 각 문항 4점씩 배점한 후, 200점 점수로 환산함. – 1급 합격점: 총점의 60% 이상	– 55문항 (약 50분) – 4지 선택형 및 쓰기 – [듣기(32)+읽기(18)+쓰기(5)] ＊ 각 문항 4점씩 배점한 후, 200점 점수로 환산함. – 2급 합격점: 총점의 60% 이상	– 50문항 (약 45분) – 4지 선택형 및 쓰기 – [듣기(32)+읽기(13)+쓰기(5)] ＊ 각 문항 4점씩 배점 – 3급 합격점: 총점의 60% 이상

[시험 접수]
1. 인터넷 접수 : www.PELT.or.kr
2. 지역 본(지)부 접수 / 지역 지정 접수처 접수
3. 방문 접수

TOEIC Bridge
초, 중급자를 대상으로 하는 기초 영어실력을 튼튼히 갖추도록 하는 예비 TOEIC시험

– 영어능력 초, 중급자를 대상으로 세계 최대 어학 평가기관인 미국 ETS에서 개발되어 2001년부터 미국, 캐나다, 호주 등의 영어권 국가뿐만 아니라 프랑스, 일본, 대만, 중국, 브라질 등 세계 35개국에서 시행되고 있는 국제표준 시험입니다.

– 본인의 기초 영어실력 측정뿐 아니라 TOEIC을 처음 접하는 수험자들이 보다 쉽게 TOEIC에 접근할 수 있도록 구성되어 있으므로 중, 고등학생과 대학생, 일반인들의 실용 영어능력평가 등에 폭넓게 활용될 수 있습니다.

– TOEIC Bridge 시험은 다음과 같이 5개 영역에 대해 평가합니다.

5개 언어영역	세부내용
Functions (언어로서의 기능)	영어가 어떠한 의도로 사용되고 있는지를 이해하는 능력. 요구를 하는 것인지 아니면 단순한 정보전달인지 등.
Listening skills (듣는 기술)	화자의 억양, 발음, 시제, 연음을 정확히 알아듣고 말 속에서 필요한 정보를 습득하는 능력
Reading skills (읽는 기술)	영어문장을 읽고 전체적인 의미와 요점을 파악하여 글 속에서 필요한 정보를 습득하는 능력
Vocabulary (어휘)	일상생활에서 사용되는 단어나 구의 뜻을 파악하는 능력
Grammar (문법)	문법을 이해하고 용법을 파악하는 능력

– TOEIC Bridge는 Listening comprehension과 Reading comprehension 총 2개의 Sections으로 구성되어 있습니다. 그리고 Listening comprehension이 3개의 Parts, Reading comprehension 이 2개의 Parts로 나뉘어져 있으며 총 60분간 진행됩니다.

– 정기시험은 일년에 4회 실시되며 일회 시험 응시료는 27,000원입니다.

[시험 접수]

홈페이지(www.toeicbridge.co.kr)를 통해 접수하실 수 있습니다.

ESPT Junior (English Speaking Proficiency Test Junior)
세계 최초로 컴퓨터 동영상을 통해 진행되는 온라인 영어회화 능력시험

– 이 시험의 대상은 초등학생 이하이며 시험 목적은 종합적인 언어능력 점검과 학습방향 결정, 수행평가 도구라고 간략하게 말할 수 있습니다. 출제문항은 일반적인 내용 및 관심사들로 구성되며 영어적 환경의 일상생활에서 흔하게 겪을 수 있는 여러 가지 다양한 상황들에 대한 언어 대처능력 중심으로 출제됩니다. 2004년 3월에 국가공인시험으로 등록되었습니다.

– 총 8개 **Part**, 17개 문항으로 구성되어 있으며 난이도가 낮은 문제에서 높은 문제로 분포되어 있습니다. 시험시간은 20분으로 1,000점이 만점이 됩니다.

– 평가영역을 크게 fluency(영어구사능력), accuracy(문법의 정확성과 어휘의 다양성), comprehension(상대방의 대화를 이해하는 능력), 그리고 pronunciation(정확한 억양, 강세, 리듬)으로 나눕니다. 평가는 평가 자격을 갖춘 원어민 평가단에 의해서 on-line으로 평가되며 두 명의 평가자에 의해 평가된 점수를 합산하여 성적을 산출합니다.

구분	평가영역	문제풀이 시간	문항수
Part 1	Yes/No Question	7sec	3
Part 2	Choice Question	7sec	3
Part 3	Wh-/How Question	7sec	3
Part 4	Personal Information	10sec	3
Part 5	Location	10sec	1
Part 6	Picture Description	15sec	1
Part 7	Giving Direction	20sec	1
Part 8	Basic Survival Situation	25sec	2

[시험 접수]
온라인 접수는 홈페이지(www.espt.org) 접속 후 접수하실 수 있으며 응시료는 35,000원입니다.

첫째 마당

나와 내 주변에서 늘 쓰는 표현들

01 가족

Family

son
[sʌn] 썬

명 아들

My son helps me a lot.
우리 아들은 날 잘 도와준다.

daughter
[dɔ́:tər] 더어터r

명 딸

My daughter is very shy.
내 딸은 아주 부끄럼이 많아요.

cousin
[kʌ́zn] 커즌

명 사촌

My cousin lives in Miami, Florida.
내 사촌은 플로리다주 마이애미에 살아.

relative
[rélətiv] 렐러티v브

명 친척

I watched the basketball game with my relatives.
난 친척들과 농구경기를 봤어.

niece
[ni:s] 니이스

명 여자조카

I baby-sat my niece last night.
난 어젯밤에 내 조카를 봐주었어.

nephew
[néfju:] 네f피유

명 남자조카

Your nephew has pretty eyes.
네 조카는 눈이 예쁘다.

grandparents
[grændpɛ́ərənts]
그랜(드)페어런츠

명 조부모, 할아버지, 할머니

His grandparents have gray hair.
그의 할아버지, 할머니는 흰머리가 있으시다.

grandchild
[grǽndtʃàild] 그랜(드)차일드

명 손자, 손녀 복수 grandchildren

This is my grandchild.
이 아이는 내 손자야.

get married
[get mǽrid] 겟 매리드

⟨숙⟩ 결혼하다

My aunt is getting married today.
오늘 우리 이모가 결혼을 한다.

look alike
[luk əlàik] 룩 얼라익

⟨숙⟩ 꼭 닮다

My father and I look alike.
우리 아빠와 나는 꼭 닮았다.

great-grandfather
[gréitgrǽndfɑ̀:ðər]
그레잇 그랜(드)파더r

⟨명⟩ 증조할아버지

This picture is my great-grandfather's.
이 사진은 내 증조할아버지의 사진이야.

great-grandmother
[gréitgrǽndmʌ̀ðər]
그레잇 그랜(드)머더r

⟨명⟩ 증조할머니

I still live with my great-grandmother.
나는 아직도 증조할머니랑 살고 있어.

sister-in-law
[sístərinlɔ̀:] 씨스터r인러

⟨명⟩ 형수, 처형, 처제, 시누이, 올케

Sandy is going to be my sister-in-law.
샌디는 나의 올케가 될 거야.

brother-in-law
[brʌ́ðərinlɔ̀:] 브러더r인러

⟨명⟩ 매형, 매부, 처남, 시숙

I visited my brother-in-law yesterday.
난 어제 매형을 만나러 갔다.

MP3 01

기본 단어들도 다시 보자!

- ♣ father 아버지
- ♣ sister 여동생, 언니, 누나
- ♣ grandfather 할아버지
- ♣ aunt 이모, 고모, 아줌마
- ♣ mother 어머니
- ♣ brother 오빠, 형, 남동생
- ♣ grandmother 할머니
- ♣ uncle 삼촌, 큰아버지, 작은 아버지, 아저씨

A 우리말로 뜻을 써 보세요.

① niece   ② nephew

③ daughter   ④ grandparents

⑤ grandchild   ⑥ get married

⑦ relative   ⑧ great-grandfather

⑨ cousin   ⑩ brother-in-law

B CD를 듣고 들려 주는 단어를 찾아 동그라미 하세요.   MP3 02

① a. father   b. grandfather   c. grandson

② a. grandparents   b. sister-in-law   c. grandchild

③ a. cousin   b. look alike   c. visit

④ a. niece   b. cousin   c. nephew

⑤ a. grandmother   b. mother   c. great-grandmother

C 빈칸 앞 첫 글자를 힌트로 해서 문장을 완성하세요.

① My s⎽⎽⎽⎽⎽ is tall and active.
내 아들은 키가 크고 적극적이다.

② I will visit my g⎽⎽⎽⎽⎽⎽'s house.
난 우리 할아버지 댁을 방문할 것이다.

③ I go to school with my c⎽⎽⎽⎽⎽.
나는 사촌과 함께 학교에 다닌다.

④ They are her g⎽⎽⎽⎽⎽.
그들은 그녀의 손자들이다.

D CD를 듣고 알맞은 단어를 골라 영어 문장과 우리말 문장을 완성하세요. 　MP3 02

① My _____ lives in Busan.

　내 _____는 부산에 사세요.

② They will _____ soon.

　그들은 곧 _____.

③ I will show you my _____'s picture.

　내가 나의 _____의 사진을 보여줄게.

④ How old is your _____?

　당신의 _____은 몇 살인가요?

⑤ He came with my _____.

　그는 나의 _____와 같이 왔다.

| cousin | nephew | great-grandmother | get married | neice |

E 힌트를 보고 빈칸에 알맞은 단어를 넣으세요.

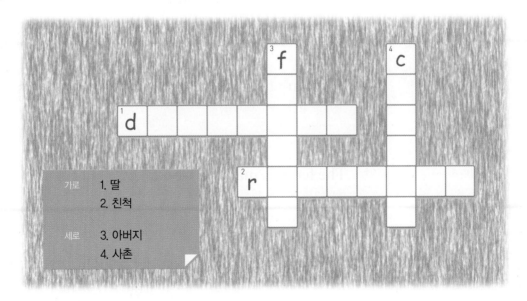

가로　1. 딸
　　　2. 친척

세로　3. 아버지
　　　4. 사촌

02 집

House

MP3 03

home
[houm] 호움

명 가정, 집

Welcome to my home.
우리 집에 온 걸 환영해.

---

backyard
[bǽkjáːrd] 백야아드

명 뒤뜰

I have a big backyard.
나는 넓은 뒤뜰을 가지고 있다.(→ 우리 집에는 넓은 뒤뜰이 있어.)

---

garage
[gərάːʒ] 그라아쥐

명 차고, 주차장

Put your bike in the garage.
네 자전거를 차고에 넣어라.

---

roof
[ruːf] ㄹ루우프

명 지붕

My father is painting the roof.
아버지는 지붕을 페인트칠하는 중이서.

---

porch
[pɔːrtʃ] 포어ㄹ취

명 현관, 입구

The mailman is standing on the porch.
우체부가 현관에 서 있다.

---

kitchen
[kítʃən] 키췬

명 주방

There are many dishes in the kitchen.
부엌에 많은 접시가 있어.

---

fence
[fens] f펜스

명 울타리, 담

The fence is made of wood.
울타리는 나무로 만들어졌단다.

---

balcony
[bǽlkəni] 밸커니

명 발코니

My mom drinks coffee on the balcony.
우리 엄마는 발코니에 커피를 마신다.

chimney
[tʃímni] 침니

명 굴뚝

Black smoke is coming from the chimney.
검은 연기가 굴뚝에서 나오고 있다.

floor
[flɔːr] f플로어r

명 마루, 바닥

The floor was very wet.
바닥이 많이 젖어 있었다.

ladder
[lǽdər] 래더r

명 사다리

My brother climbed up the ladder.
내 동생이 사다리를 올라갔다.

move to
[muːv tu] 므우v브 투

동 ~로 이사하다

Did you move to a new house?
새로운 집으로 이사 갔니?

repair
[ripέər] r리페어r

동 수리하다 **명** 수리

It is so expensive to repair the window.
그 창문을 고치는 것은 매우 비싸다.

bathtub
[bǽθtʌb] 배쓰텁

명 욕조

The bathtub is full of hot water.
욕조에 뜨거운 물이 가득하다.

on the market
[ɑn ðə mɑ́ːrkit]
언 더 마아r킷

부 팔려고 내놓은

Our house is on the market.
우리 집을 팔려고 내놓았다.

MP3 03

기본 단어들도 다시 보자!

- ♠ bedroom 침실
- ♠ bathroom 화장실
- ♣ garden 정원
- ♣ dining room 식당
- ♣ living room 거실

A 우리말로 뜻을 써 보세요.

① backyard   ② repair

③ ladder   ④ roof

⑤ move to   ⑥ bathtub

⑦ garage   ⑧ on the market

⑨ balcony   ⑩ fence

B CD를 듣고 들려 주는 단어를 찾아 동그라미 하세요.   MP3 04

① a. garage   b. home   c. ladder

② a. floor   b. fence   c. repair

③ a. backyard   b. ladder   c. porch

④ a. roof   b. balcony   c. chimney

⑤ a. move to   b. backyard   c. on the market

C 빈칸 앞 첫 글자를 힌트로 해서 문장을 완성하세요.

① I like to be in the b

     나는 욕조 안에 있는 것을 좋아한다.

② My sisters are playing on the p   .

     내 동생들이 현관에서 놀고 있다.

③ My family put old things in the g   .

     우리 가족은 오래된 물건들을 차고에 둔다.

④ She is afraid of climbing up a l   .

     그녀는 사다리 타고 올라가는 것을 무서워한다.

D CD를 듣고 알맞은 단어를 골라 영어 문장과 우리말 문장을 완성하세요.　MP3 04

① We have a beautiful _____.

우리는 아름다운 _____을 가지고 있다.

② The _____ door should be closed at night.

_____ 문은 밤엔 닫혀 있어야 한다.

③ I need a tool box to _____ the chair.

나는 의자를 _____ 위해서는 연장통이 필요해.

④ I should clean the _____ every day.

나는 매일 _____을 청소해야 한다.

⑤ I put my computer _____.

나는 내 컴퓨터를 _____ 내놓았다.

on the market 　 repair 　 floor 　 garage 　 porch

E 힌트를 보고 알파벳을 따라가면서 알맞은 단어를 찾아 동그라미 하세요.

① SJEKTLWMYWJYMWKYFENCELWOYMWUSOLAM

② QUAOEMTKYUWKWLLADDERRWIEOTJKTLWJDN

③ XMWJTPBACKYARDDJEITKWLYQKEITOSPFJXNF

④ WKEITOSPDLTIWQPOXMROOFNWKERIYPWEREN

힌트　1. 울타리　2. 사다리　3. 뒤뜰　4. 지붕

Things in My Room

bed
[bed] 베드

명 침대
My bed is very soft.
내 침대는 아주 푹신해.

lamp
[læmp] 램프

명 등불, 램프
This lamp is bright.
이 램프는 밝다.

picture
[píktʃər] 픽쳐r

명 그림, 사진
I have a family picture on the desk.
내 책상 위에는 가족사진이 있어.

blanket
[blǽŋkit] 블랭킷

명 이불
I need a thick blanket.
두꺼운 이불이 필요해.

pillow
[pílou] 필로우

명 베개
My pillow is pretty hard.
내 베개는 제법 딱딱하다.

computer
[kəmpjúːtər] 컴퓨우터r

명 컴퓨터
Dad bought me a new computer.
아빠는 새 컴퓨터를 사주셨다.

closet
[klázit] 클러짓

명 옷장
Your coat is in the closet.
네 코트는 옷장 안에 있단다.

mirror
[mírər] 미러r

명 거울
Look at your face in the mirror.
네 얼굴을 거울로 봐.

telephone
[téləfòun] 텔레f포운

명 전화, 전화기

Where did I put my telephone?
내 전화를 어디에 두었지?

drawer
[drɔ́:ər] 드러어r

명 서랍, 장롱

Socks are in the drawer.
양말들은 서랍 안에 있어.

vase
[veis] v베이스

명 꽃병

Roses are in the vase.
장미꽃이 꽃병에 꽂혀 있다.

curtain
[kə́:rtən] 커어r튼

명 커튼

Close the curtain.
커튼 좀 쳐 봐.

turn on
[tə:rn ɑn] 타r언 언

숙 틀다, 켜다

Please turn on the light.
불 좀 켜 주세요.

turn off
[tə:rn ɔf] 타r언 어프

숙 잠그다, 끄다

Turn off the water.
물 좀 꺼.

shut
[ʃʌt] 셧

동 닫다, 잠그다, 감다

Shut the door, please!
제발 문 좀 닫아줘!

MP3 05

기본 단어들도 다시 보자!

♣ door 문
♣ bookshelf 책꽂이
♣ chair 의자

♣ window 창문
♣ light 불, 전등
♣ desk 책상

A 우리말로 뜻을 써 보세요.

① lamp

② telephone

③ vase

④ mirror

⑤ closet

⑥ turn off

⑦ drawer

⑧ shut

⑨ pillow

⑩ picture

B CD를 듣고 들려 주는 단어를 찾아 동그라미 하세요.

MP3 06

① a. closet　　　b. mirror　　　c. shut

② a. blanket　　　b. bed　　　c. computer

③ a. turn on　　　b. turn off　　　c. telephone

④ a. picture　　　b. pillow　　　c. drawer

⑤ a. curtain　　　b. shut　　　c. mirror

C 빈칸 앞 첫 글자를 힌트로 해서 문장을 완성하세요.

① My p   is on the wall.

내 사진은 벽에 걸려 있어.

② Your gloves are in the top d   .

네 장갑은 맨 윗 서랍에 들어 있어.

③ My mom covered me a warm b   .

엄마가 따뜻한 이불을 덮어 주셨다.

④ Could you please t   o   the light?

불 좀 꺼 주실래요?

D CD를 듣고 알맞은 단어를 골라 영어 문장과 우리말 문장을 완성하세요. MP3 06

① You can find your jacket in the _____.

네 재킷은 _____ 안에서 찾을 수 있을 거야.

② I always _____ my window.

나는 항상 창문을 _____.

③ I have a nice and soft _____.

나는 좋고 푹신한 _____ 있어.

④ Kate, _____ the light!

케이트야, 불 좀 _____!

⑤ Mom bought me a _____.

엄마가 _____를 사주셨어.

turn on   lamp   shut   pillow   closet

E 힌트를 보고 알맞은 단어를 찾아서 동그라미 하세요.

m	p	r	b	c	b	d	h
m	y	e	l	i	p	f	d
b	s	v	a	s	e	g	i
s	u	t	n	e	r	m	i
h	e	e	k	b	l	c	t
u	e	t	e	q	t	j	h
t	l	l	t	r	i	u	p
n	c	l	o	s	e	t	i

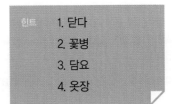

힌트 1. 닫다
2. 꽃병
3. 담요
4. 옷장

04 신체

Body Parts

MP3 07

thigh
[θai] 따이

명 넓적다리

I hurt my thigh.
나는 넓적다리를 다쳤어.

armpit
[ά:rmpìt] 아 r암핏

명 겨드랑이

His armpits smell bad.
그의 겨드랑이는 냄새가 고약해.

sole
[soul] 쏘울

명 발바닥

Please show me your soles.
네 발바닥 좀 보여줘.

shin
[ʃin] 신

명 정강이

He kicked my left shin.
그가 내 왼쪽 정강이를 찼다.

waist
[weist] 웨이스트

명 허리

My mom has a slim waist.
우리 엄마는 허리가 날씬해.

palm
[pɑːm] 파암

명 손바닥

I have warm palms.
나는 손바닥이 따뜻해.

upper body
[ʌ́pər bʌ́di] 어퍼r 버디

명 상체

Tom has a strong upper body.
톰은 상체가 튼튼하다.

toenail
[tóunèil] 토우네일

명 발톱

Why don't you trim your toenails?
발톱 손질 좀 하지 그러니?

chest
[tʃest] 체스트

명 가슴

A doctor is hearing my heart beating in my chest.
의사가 내 가슴에서 심장 뛰는 소리를 듣고 있다.

physical checkup
[fízikəl tʃékʌ̀p] 피지컬 체컵

명 신체검사

I have an appointment for a physical checkup
at 3 o'clock.
나는 3시에 신체검사 예약이 있다.

sound body
[saund bádi] 싸운드 바디

명 건강한 신체

You should know the importance of a sound body.
너는 건강한 신체의 중요성을 알아야 해.

feel well
[fiːl wel] 필 웰

표 기분이 좋다

I feel very well after sleep.
자고 나니 기분이 아주 좋다.

go on a diet
[gou ɔn ə dáiət]
고우 언 어 다이엇

표 체중 감량을 하다, 다이어트하다

She will go on a diet soon.
그녀는 곧 다이어트할 것이다.

exercise
[éksərsàiz] 엑써r싸이즈

동 운동하다 명 운동

Tennis is a good exercise.
테니스는 좋은 운동이다.

MP3 07

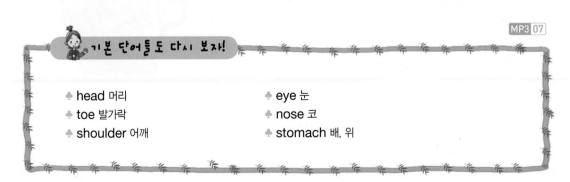

기본 단어들도 다시 보자!

♣ head 머리
♠ toe 발가락
♠ shoulder 어깨

♣ eye 눈
♠ nose 코
♣ stomach 배, 위

A 우리말로 뜻을 써 보세요.

① exercise

② armpit

③ feel well

④ palm

⑤ chest

⑥ sole

⑦ go on a diet

⑧ thigh

⑨ chest

⑩ upper body

B CD를 듣고 들려 주는 단어를 찾아 동그라미 하세요.　　　　　MP3 08

① **a.** palm　　　　　**b.** armpit　　　　　**c.** toenail

② **a.** exercise　　　　**b.** physical checkup　　**c.** waist

③ **a.** thigh　　　　　**b.** palm　　　　　**c.** armpit

④ **a.** chest　　　　　**b.** sole　　　　　**c.** thigh

⑤ **a.** sound body　　　**b.** upper body　　　**c.** feel well

C 빈칸 앞 첫 글자를 힌트로 해서 문장을 완성하세요.

① **Can you do p   -reading?**
손금 볼 줄 아니?

② **You should g   on a d   .**
너 다이어트해야겠구나.

③ **Don't forget to wash your a   .**
겨드랑이 닦는 것을 잊지 마라.

④ **I often e   with my dad.**
나는 종종 아빠랑 운동한다.

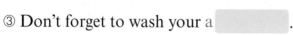

D CD를 듣고 알맞은 단어를 골라 영어 문장과 우리말 문장을 완성하세요. MP3 08

① My mom went to the hospital for a   .

우리 엄마는 _____를 위해서 병원에 가셨다.

② I'm wearing a belt around my   .

나는 _____에 벨트를 차고 있다.

③ A sound mind in a   .

_____에 건강한 정신.

④ I don't   today.

난 오늘 _____ 않아.

⑤ You have to measure your   .

너는 네 _____ 치수를 재야 한다.

feel well　　chest　　waist　　sound body　　physical checkup

E 힌트를 보고 빈칸에 알맞은 단어를 넣으세요.

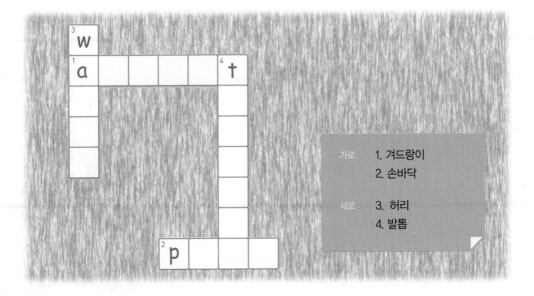

가로　1. 겨드랑이
　　　2. 손바닥

세로　3. 허리
　　　4. 발톱

29

05 건강 및 증상

Health & Symptoms

MP3 09

healthy

[hélθi] 헬띠

형 건강한

I am very healthy.
나는 아주 건강해.

---

fever

[fíːvər] f피이바r

명 열, 열병

My sister had a fever last night.
내 여동생이 어젯밤에 열이 났어.

---

stomachache

[stʌ́məkèik] 스터먹에이크

명 배앓이, 복통

I have a stomachache.
난 배가 아파요.

---

headache

[hédèik] 헤데이크

명 두통

Fred had a bad headache.
프레드는 아주 심한 두통이 있었어.

---

strong

[strɔ(ː)ŋ] 스트렁

형 힘이 센, 튼튼한

My uncle is very strong.
우리 삼촌은 아주 힘이 세.

---

weak

[wiːk] 위익

형 약한, 가냘픈

That lady is weak.
그 여자는 약해.

---

flu

[fluː] f플루우

명 유행성 감기, 독감

He caught the flu.
그는 독감에 걸렸다.

---

bruise

[bruːz] 브루우즈

명 타박상, 멍

I got a big bruise.
난 큰 멍이 들었다.

sprain [sprein] 스프레인	동 삐다 Laura sprained her finger. 로라는 손가락을 삐었다.
sore throat [sɔ:r θrout] 쏘어r 뜨로웃	명 목 아픔, 인후통 You have a sore throat. 목이 아프구나.
get better [get bétər] 겟 베터r	숙 (병이) 낫다 Did you get better? 좀 나아졌니?
pill [pil] 필	명 알약 Take some pills. 약을 먹어라.
see a doctor [si: ə dáktər] 씨 어 닥터r	표 진찰을 받다 Why don't you see a doctor? 의사에게 진찰을 받아 보지 그래?
medicine [médəsən] 메더쓴	명 약, 약물 I hate medicine. 난 약이 정말 싫다.

MP3 09

 기본 단어들도 다시 보자!

♠ sick 병의, 병에 걸린, 아픈   ♣ hurt 아프다, 상처를 내다, 고통을 주다
♠ cold 감기   ♣ cut 베이다
♠ cough 기침

A 우리말로 뜻을 써 보세요.

① headache ☐ ② weak ☐

③ healthy ☐ ④ get better ☐

⑤ sprain ☐ ⑥ pill ☐

⑦ bruise ☐ ⑧ see a doctor ☐

⑨ fever ☐ ⑩ medicine ☐

B CD를 듣고 들려 주는 단어를 찾아 동그라미 하세요.

MP3 10

① a. weak b. get better c. fever

② a. pill b. strong c. stomachache

③ a. sore throat b. flu c. fever

④ a. sprain b. stomachache c. toothache

⑤ a. healthy b. headache c. medicine

C 빈칸 앞 첫 글자를 힌트로 해서 문장을 완성하세요.

① I have a terrible f ☐ .
나는 아주 심한 독감에 걸렸다.

② Tom is big and s ☐ .
톰은 몸이 크고 힘이 세다.

③ He s ☐ his ankle.
그는 발목을 삐었다.

④ He went to s ☐ a d ☐ .
그는 의사에게 진찰 받으려 갔다.

D CD를 듣고 알맞은 단어를 골라 영어 문장과 우리말 문장을 완성하세요. MP3 10

① You need to take some ▢▢▢▢▢▢.

_____을 먹어야 돼요.

② A baby has a ▢▢▢▢▢ on her face.

애기의 얼굴에 _____이 있다.

③ My brother is a ▢▢▢▢▢▢ boy.

우리 오빠는 _____ 소년이다.

④ You have to ▢▢▢▢▢▢.

너는 _____야 돼.

⑤ Don't worry. You will ▢▢▢▢▢▢ soon.

걱정하지 마. 병이 곧 _____ 거야.

| get better | see a doctor | medicine | healthy | bruise |

E 힌트를 보고 알파벳을 따라가면서 알맞은 단어를 찾아 동그라미 하세요.

① WEKAELOPSNKEARAHSFEVERPLVESIURERFEW

② ROSTLKSTOMACHACHEPLSNQIUSKAEPIFRPDAI

③ YEFEBERPLADBRUISEDOPBUIRSAQWZLDFJABD

④ YEUSIFJLSPEUFKLGMSTRONGPELSTRONHKGE

힌트	1. 열	2. 배앓이
	3. 타박상	4. 힘이 센

06 스포츠

Sports

---

skate
[skéit] 스케이트

동 스케이트 타다 명 스케이트

She loves skating on the ice.
그녀는 얼음 위에서 스케이트 타기를 좋아한다.

---

swim
[swím] 스윔

동 수영하다

My brother is good at swimming.
우리 오빠는 수영을 잘한다.

---

jump rope
[dʒʌmp roup] 점프 r로웁

명 줄넘기 · 동 줄넘기하다

Jump rope is a fun exercise.
줄넘기는 재미있는 운동이다.

---

skateboard
[skéitbɔːrd] 스케잇보어r드

명 스케이트보드 동 스케이트보드 타다

I want to learn how to skateboard.
나는 스케이트보드를 배우고 싶다.

---

gymnastics
[dʒimnǽstiks] 쥠내스틱스

명 체조, 체육

We do gymnastics in our school.
우리 학교는 체조를 한다.

---

horseback riding
[hɔ́ːrsbæk ráidiŋ]
호어r스백 r라이딩

명 승마

Horseback riding can be dangerous.
승마는 위험할 수 있다.

---

aerobics
[ɛəróubiks] 에어r로우빅스

명 에어로빅

Aerobics is good for your health.
에어로빅은 건강에 좋다.

---

handball
[hǽndbɔ̀ːl] 핸드보얼

명 핸드볼

I can play handball.
나는 핸드볼을 할 수 있다.

squash
[skwɑʃ] 스쿼시

몡 스쿼시

I always play squash.
나는 항상 스쿼시를 한다.

bowling
[bóuliŋ] 보울링

몡 볼링

I need to practice bowling.
난 볼링 연습을 해야 해.

surfing
[sə́:rfiŋ] 써어r핑

몡 서핑, 파도타기

Surfing is very exciting.
서핑은 아주 신난다.

favorite
[féivərit] 페이버r릿

혱 가장 좋아하는   몡 가장 좋아하는 것, 사람

My favorite sport is squash.
내가 가장 좋아하는 스포츠는 스쿼시다.

work out
[wə:rk aut] 워어r크 아웃

쉒 운동하다, 훈련하다

He works out every weekends.
그는 주말마다 운동을 한다.

go jogging
[gou dʒágiŋ] 고우 좌깅

표 조깅하다

Our family goes jogging every day.
우리 가족은 매일 조깅을 한다.

기본 단어들도 다시 보자!

MP3 11

- ♣ soccer 축구
- ♣ basketball 농구
- ♣ volleyball 배구
- ♣ tennis 테니스
- ♣ baseball 야구
- ♣ ping-pong 탁구
- ♣ golf 골프
- ♣ ski 스키 (타다)

A 우리말로 뜻을 써 보세요.

① swim   ② squash

③ go jogging   ④ aerobics

⑤ skateboard   ⑥ work out

⑦ jump rope   ⑧ surfing

⑨ gymnastics   ⑩ skate

B CD를 듣고 들려 주는 단어를 찾아 동그라미 하세요.　　MP3 12

① **a.** bowling   **b.** handball   **c.** skateboard

② **a.** favorite   **b.** go jogging   **c.** work out

③ **a.** squash   **b.** swim   **c.** skate

④ **a.** jump rope   **b.** horseback ride   **c.** work out

⑤ **a.** bowling   **b.** surfing   **c.** aerobics

C 빈칸 앞 첫 글자를 힌트로 해서 문장을 완성하세요.

① They always play s   .

그들은 항상 스쿼시를 한다.

② I am good at s   .

나는 스케이트를 잘 탄다.

③ He g   j   in the morning.

그는 매일 조깅을 한다.

④ Kevin loves s   .

케빈은 수영을 좋아한다.

D CD를 듣고 알맞은 단어를 골라 영어 문장과 우리말 문장을 완성하세요. **MP3 12**

① I enjoy _____ in summer.

나는 여름에 _____을 즐긴다.

② Don't forget to _____ in the morning!

아침에 _____하는 거 잊지 마세요!

③ Our school has a great _____ team.

우리 학교는 대단한 _____팀이 있다.

④ Horseback riding is my _____.

승마는 내가 가장 _____이다.

⑤ _____ is not hard to learn.

_____은 배우기가 어렵지 않다.

| handball | Aerobics | jump rope | surfing | favorite |

E 힌트를 보고 알맞은 단어를 찾아서 동그라미 하세요.

f	r	h	e	s	u	s	i	l	p
a	c	d	m	q	n	k	d	k	h
t	m	y	e	u	i	a	f	l	d
g	y	m	n	a	s	t	i	c	s
j	w	z	c	s	u	e	a	i	i
g	e	h	v	h	j	n	y	i	o
o	r	e	t	e	q	g	j	r	h
s	a	e	r	o	b	i	c	s	p

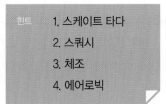

힌트
1. 스케이트 타다
2. 스쿼시
3. 체조
4. 에어로빅

Feelings

excited

[iksáitid] 익싸이팃

형 흥분한, 신난

The kids were all excited.

아이들은 모두 신났다.

---

blue

[blu:] 블루우

형 우울한

I feel blue today.

오늘 난 우울해.

---

hopeful

[hóupfəl] 호웊 f펄

형 희망에 찬, 희망적인

I am hopeful of winning.

나는 이기리라는 희망에 차 있다.

---

depressed

[diprést] 디프레스트

형 의기소침한, 우울한

He makes me depressed.

그는 나를 우울하게 한다.

---

jealous

[dʒéləs] 젤러스

형 질투심이 많은

I am jealous.

나는 질투가 나.

---

nervous

[nə́:rvəs] 너어r버스

형 초조한, 긴장한

She is very nervous.

그녀는 매우 초조하다.

---

scared

[skɛərd] 스케어rㄷ

형 무서워하는, 겁 먹은

The boy was scared of his dad.

그 남자아이는 자기 아빠를 무서워해.

---

worried

[wə́:rid] 워어r리드

형 걱정하는

I was worried about you.

난 너를 걱정했어.

embarrassed

[imbǽrəst] 임배r러스트

형 창피한, 난처한

I am so embarrassed.
나는 아주 창피하다.

bored

[bɔ:rd] 보어r드

형 지루한

They were bored.
그들은 지루했다.

curious

[kjúəriəs] 큐r리어스

형 호기심이 있는, 궁금한

Tom was curious about it.
톰은 그것이 궁금하였다.

shy

[ʃai] 샤이

형 수줍음 타는, 부끄러워 하는

The girl was so shy.
이 소녀는 부끄러움이 아주 많다.

feel like

[fi:l laik] f피일 라익

숙 ~하고 싶다

I feel like shopping.
나는 쇼핑하고 싶다.

get angry

[get ǽŋgri] 겟 앵그리

표 화나다

I get angry with him all the time.
나는 그에게 항상 화가 난다.

기본 단어들도 다시 보자!   MP3 13

- happy 기쁜
- angry 화가 난
- hungry 배고픈
- sad 슬픈
- tired 피곤한
- thirsty 목마른

A 우리말로 뜻을 써 보세요.

① jealous

② depressed

③ embarrassed

④ excited

⑤ nervous

⑥ worried

⑦ bored

⑧ feel like

⑨ blue

⑩ scared

B CD를 듣고 들려 주는 단어를 찾아 동그라미 하세요.　　　　MP3 14

① a. hopeful　　　　b. worried　　　　c. bored

② a. nervous　　　　b. shy　　　　c. curious

③ a. excited　　　　b. blue　　　　c. bored

④ a. shy　　　　b. depressed　　　　c. embarrassed

⑤ a. jealous　　　　b. scared　　　　c. get angry

C 빈칸 앞 첫 글자를 힌트로 해서 문장을 완성하세요.

① I am s   of you.
　　나는 네가 무서워.

② Don't be so s   !
　　너무 부끄러워 하지 마세요!

③ I was b   yesterday.
　　나는 어제 우울했다.

④ He was w   about the math test.
　　그는 그 수학 시험이 걱정되었다.

D CD를 듣고 알맞은 단어를 골라 영어 문장과 우리말 문장을 완성하세요. MP3 14

① I sometimes ▭ with him.

나는 가끔 그에게 _____다.

② We were ▭ about the story.

우리는 그 이야기가 _____다.

③ Tests make me ▭.

시험은 나를 _____ 만든다.

④ The friends were all ▭.

친구들은 모두 _____였다.

⑤ I was ▭ of her.

나는 그녀에게 _____다.

curious   excited   get angry   nervous   jealous

E 힌트를 보고 빈칸에 알맞은 단어를 넣으세요.

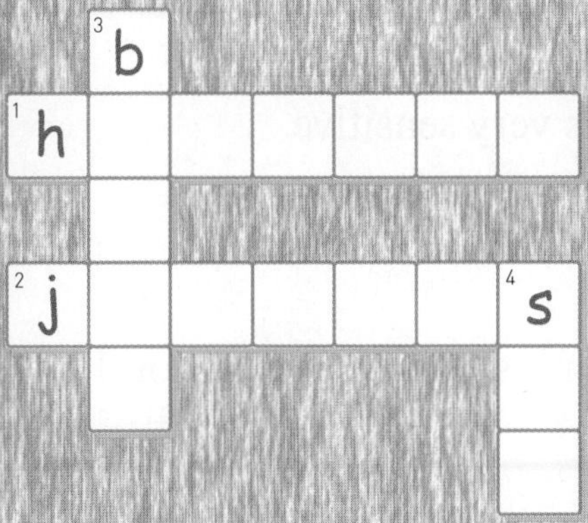

가로 1. 희망에 찬
2. 지루한

세로 3. 지루한
4. 수줍음 타는

41

Sense

MP3 15

sense
[sens] 쎈쓰

® 감각

People have five senses.
사람들은 오감을 가지고 있다.

taste
[teist] 테이스트

® 미각, 맛 ⑧ 맛보다

This food has a hot taste.
이 음식은 매운 맛이야.

vision
[víʒən] 비젼

® 시력, 시각

I have perfect vision.
나는 완벽한 시력을 가지고 있다.

hearing
[híəriŋ] 히어링

® 청각

His hearing is getting better.
그의 청력이 좋아지고 있다.

touch
[tʌtʃ] 터취

® 촉각 ⑧ 만지다

Your hand touch makes me feel very good.
네 손 감촉이 기분을 좋아지게 한다.

sensitive
[sénsətiv] 쎈써티v브

® 민감한, 예민한

The baby is very sensitive.
그 아기는 아주 예민하다.

insensitive
[insénsətiv] 인쎈써티브

® 무감각한

Paul is the most insensitive person I have ever seen.
폴은 내가 만나 본 남자 중에 가장 무감각한 사람이다.

keen
[ki:n] 키인

® 예민한

A dog is keen of smell.
개는 냄새에 예민하다.

dull
[dʌl] 덜

형 감각을 잃은, 무딘, 둔한

The old are dull of hearing.
노인들은 청력이 무디다.

numb
[nʌm] 넘

형 감각을 잃은, 마비된

My face is numb because of the cold weather.
내 얼굴이 추위 때문에 얼얼하다.

go to sleep
[gou tu: sli:p] 고우 투 슬립

표 (손, 발 등이) 저리다

My feet go to sleep very often.
내 발은 매우 자주 쥐가 난다.

sense of balance
[sens ɑv bǽləns]
센쓰 어브 밸런스

명 균형감각

My father has a good sense of balance.
우리 아빠는 훌륭한 균형감각을 가지고 있다.

go deaf
[gou def] 고우 데프

표 청각을 잃다, 귀머거리가 되다

A little boy is going to go deaf.
어린 남자아이가 청각을 잃게 될 것이다.

go blind
[gou blaind] 고우 블라인드

표 눈이 멀다

Both my parents went blind when they were young.
우리 부모님은 어려서 눈이 머셨다.

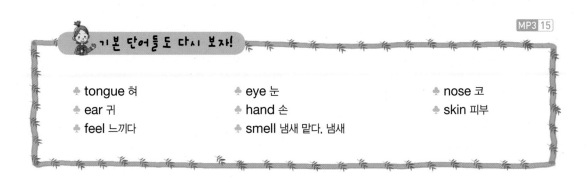

기본 단어들도 다시 보자!

MP3 15

- ♣ tongue 혀
- ♣ ear 귀
- ♣ feel 느끼다
- ♣ eye 눈
- ♣ hand 손
- ♣ smell 냄새 맡다, 냄새
- ♣ nose 코
- ♣ skin 피부

A 우리말로 뜻을 써 보세요.

① go to sleep

② keen

③ sensitive

④ go blind

⑤ taste

⑥ sense of balance

⑦ numb

⑧ hearing

⑨ go deaf

⑩ sense

B CD를 듣고 들려 주는 단어를 찾아 동그라미 하세요.

MP3 16

① a. vision   b. touch   c. sense

② a. keen   b. taste   c. dull

③ a. sensitive   b. hearing   c. numb

④ a. go deaf   b. dull   c. go to sleep

⑤ a. touch   b. go blind   c. insensitive

C 빈칸 앞 첫 글자를 힌트로 해서 문장을 완성하세요.

① My grandmother w_____ b_____.

우리 할머니는 눈이 머셨다.

② He wants to be k_____ of smell.

그는 후각에 예민해지길 바란다.

③ I am afraid of my feet g_____ t_____ s_____.

나는 발이 저린 게 정말 무섭다.

④ Are you d_____ of touch?

너는 촉각에 무디니?

D　CD를 듣고 알맞은 단어를 골라 영어 문장과 우리말 문장을 완성하세요.　MP3 16

① People use a tongue for 　　　　　.

　　사람들은 _____ 위해서 혀를 이용한다.

② Have you ever seen anyone who 　　　　　?

　　너는 _____ 사람을 본 적이 있니?

③ Are you 　　　　　 of smell?

　　너는 후각이 _____니?

④ Your eyes are 　　　　　 to sun.

　　네 눈은 해에 _____다.

⑤ It is important for people to keep a 　　　　　.

　　사람들이 _____을 유지하는 것은 중요하다.

sensitive　　sense of balance　　goes deaf　　tasting　　keen

E　힌트를 보고 알파벳을 따라가면서 알맞은 단어를 찾아 동그라미 하세요.

① SLKJFPOWELTSOSENSEUWEIEOSNVLWLQPETYO

② QKEOTPSKEUXJCMKGOWPTOUCHTQKEITPZKJG

③ XNFMWEOTPNUMBEXLDMEOTPQJTIEOPDSKHIL

④ ZMDJWOTPSAKGLWUTLSMFGHEARINGWXZJRTS

힌트	1. 감각	2. 촉각
	3. 감각을 잃은	4. 청각

Character

active

[ǽktiv] 액티브

형 활동적인, 적극적인

The man is active.

그 남자는 활동적이다.

calm

[kɑːm] 카암

형 침착한, 차분한

My aunt was calm all the time.

우리 이모는 항상 침착했다.

positive

[pázətiv] 파저티브

형 긍정적인

I am a positive person.

나는 긍정적인 사람이다.

negative

[négətiv] 네거티브

형 부정적인

She is a negative woman.

그녀는 부정적인 여자이다.

lovable

[lʌ́vəbəl] 러버벌

형 귀여운, 사랑스러운

She wants to be a lovable girl.

그녀는 사랑스러운 여자가 되고 싶다.

stubborn

[stʌ́bərn] 스터번

형 고집 센

My sister is very stubborn.

내 여동생은 아주 고집이 세다.

mean

[miːn] 미인

형 비열한, 못된

Don't be so mean!

너무 못되게 굴지 마!

cheerful

[tʃíərfəl] 취어ㄹ풀

형 명랑한, 쾌활한

He is a cheerful boy.

그는 명랑한 소년이다.

outgoing [áutgòuiŋ] 아웃고우잉	휑 외향적인 Jane is outgoing. 제인은 외향적이다.
thoughtful [θɔ́ːtfəl] 떠엇펄	휑 사려 깊은 My mom is very thoughtful. 우리 엄마는 아주 사려 깊다.
selfish [sélfiʃ] 쎌피쉬	휑 이기적인 You are so selfish. 너는 너무나 이기적이야.
picky [píki] 피키	휑 까다로운 She is always picky. 그녀는 항상 까다롭다.
get along [get əlɔ́ːŋ] 겟 얼롱	숙 사이좋게 지내다 I get along with everybody. 나는 모든 사람들과 잘 지낸다.
complain [kəmpléin] 컴플레인	통 불평하다 Stop complaining about your new teacher. 너의 새로운 선생님에 대해서 불평 좀 그만해라.

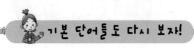 기본 단어들도 다시 보자!

MP3 17

♠ kind 친절한	♣ cute 귀여운
♠ friendly 다정한	♣ funny 웃기는
♠ simple 단순한	♣ bad 나쁜

A 우리말로 뜻을 써 보세요.

① selfish

② outgoing

③ calm

④ negative

⑤ active

⑥ get along

⑦ lovable

⑧ thoughtful

⑨ picky

⑩ mean

B CD를 듣고 들려 주는 단어를 찾아 동그라미 하세요.   MP3 18

① a. positive   b. negative   c. thoughtful

② a. picky   b. active   c. stubborn

③ a. selfish   b. calm   c. outgoing

④ a. cheerful   b. mean   c. complain

⑤ a. lovable   b. stubborn   c. selfish

C 빈칸 앞 첫 글자를 힌트로 해서 문장을 완성하세요.

① She is a l   girl.

그녀는 사랑스러운 소녀다.

② Ron always c   about food.

론은 항상 음식에 대한 불평을 한다.

③ Don't be so p   all the time.

매번 까다롭게 굴지 좀 마라.

④ She is a p   person.

그녀는 긍정적인 사람이다.

48

D CD를 듣고 알맞은 단어를 골라 영어 문장과 우리말 문장을 완성하세요. MP3 18

① The man is an ▨▨▨▨▨ person.

그 남자는 _____ 사람이다.

② How ▨▨▨▨▨ you are!

당신은 아주 _____!

③ You are such a ▨▨▨▨▨ man.

당신은 정말 _____ 사람이에요.

④ He is always ▨▨▨▨▨.

그는 항상 _____이다.

⑤ That lady is very ▨▨▨▨▨.

저 여자는 아주 _____이다.

| active | thoughtful | selfish | outgoing | cheerful |

E 힌트를 보고 알맞은 단어를 찾아서 동그라미 하세요.

s	r	h	e	s	u	s	i	s	p
t	c	d	m	q	n	k	d	t	h
u	m	p	i	c	k	y	f	e	d
b	y	m	n	a	s	t	i	h	s
b	w	z	a	c	t	i	v	e	i
o	e	h	v	h	j	n	y	o	o
r	r	e	t	e	q	g	j	r	h
n	e	g	a	t	i	v	e	c	p

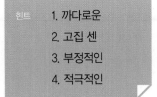

힌트 1. 까다로운
      2. 고집 센
      3. 부정적인
      4. 적극적인

10 집안일

House Chores

sweep
[swiːp]스위잎

동 쓸다

I sweep my backyard.
나는 우리 집 뒤뜰을 쓴다.

wipe
[waip]와잎

동 닦다

Could you please wipe the window?
창문 좀 닦을래?

dust
[dʌst]더스트

동 먼지를 털다   명 먼지

Dust the furniture first.
먼저 가구의 먼지를 털어.

scrub
[skrʌb]스크럽

동 문지르다, 문질러 닦다

Why don't you scrub the floor?
바닥을 문질러 닦는 것이 좋겠다.

tidy
[táidi]타이디

동 치우다, 정리 정돈하다   형 깔끔한, 잘 정돈된

I always tidy up the room.
나는 항상 방을 정리한다.

mop
[mɑp]맢

동 대걸레로 닦다   명 대걸레

She mops the floor.
그녀는 바닥을 대걸레로 닦는다.

iron
[áiərn]아이언

동 다림질하다

Mom irons the shirts.
엄마는 셔츠들을 다리신다.

arrange
[əréindʒ]어레인쥐

동 정리하다

I arrange the books on the desk.
나는 책상 위에 있는 책들을 정리한다.

vacuum

[vǽkjuəm] 배큐음

동 진공청소기로 청소하다

I vacuumed the room.

나는 방을 진공청소기로 청소했다.

do the laundry

[du: ðə lɑ́:ndri] 두 더 런드리

표 빨래하다

We do the laundry once a week.

우리는 일주일에 한 번씩 빨래를 한다.

make straight

[meik streit] 메익 스트ㄹ레잇

표 똑바로 하다, 정리하다

Could you make your bed straight ?

침대 좀 정리할래?

hang the clothes

[hæŋ ðə klouðz] 행 더 클로우즈

표 옷을 널다, 옷을 걸다

Can you hang the clothes for me?

나를 위해서 옷 좀 걸어 줄래?

do the dishes

[du ðə díʃiz] 두 더 디쉬즈

표 설거지를 하다

I helped Mom do the dishes.

나는 엄마가 설거지 하는 것을 도와주었다.

get rid of

[get rid ɑv] 겟 ㄹ리드 업

숙 ~을 없애다, 제거하다

I want to get rid of this dirt.

나는 이 때를 없애고 싶어.

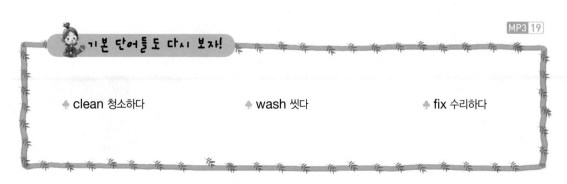

MP3 19

기본 단어들도 다시 보자!

♣ clean 청소하다　　　♣ wash 씻다　　　♣ fix 수리하다

실 력 이 쑥 쑥 올 라 가 는

A 우리말로 뜻을 써 보세요.

① vacuum　　　　　　　　　　② make straight

③ wipe　　　　　　　　　　　④ arrange

⑤ mop　　　　　　　　　　　⑥ tidy

⑦ get rid of　　　　　　　　⑧ sweep

⑨ scrub　　　　　　　　　　⑩ do the laundry

B CD를 듣고 들려 주는 단어를 찾아 동그라미 하세요.　　　　MP3 20

① a. iron　　　　　b. scrub　　　　　c. sweep

② a. do the dishes　　b. do the laundry　　c. hang the clothes

③ a. vacuum　　　　b. wipe　　　　　c. dust

④ a. arrange　　　　b. mop　　　　　c. tidy

⑤ a. get rid of　　　b. make straight　　c. do the dishes

C 빈칸 앞 첫 글자를 힌트로 해서 문장을 완성하세요.

① Please s　　　　the floor.
바닥을 쓸어 줘요.

② I always t　　　　up my room.
나는 항상 나의 방을 치운다.

③ She v　　　　the carpet every day.
그녀는 매일 카펫을 진공청소기로 청소한다.

④ They w　　　　the windows.
그들은 창문을 닦는다.

D CD를 듣고 알맞은 단어를 골라 영어 문장과 우리말 문장을 완성하세요. MP3 20

① Why don't you ⬜⬜⬜ your desk?

너의 책상 좀 _____?

② I'm going to ⬜⬜⬜.

나는 _____ 거야.

③ ⬜⬜⬜ the bathtub.

욕조를 _____ 봐.

④ Could you ⬜⬜⬜?

옷 좀 _____ 줄래?

⑤ He always ⬜⬜⬜ his pants.

그는 항상 그의 바지를 _____.

hang the clothes   arrange   irons   Scrub   do the laundry

E 힌트를 보고 빈칸에 알맞은 단어를 넣으세요.

		⁴S			
³V		²W			
¹a					

가로 1. 정리하다
      2. 닦다

세로 3. 진공청소기로 청소하다
      4. (빗자루로) 쓸다

11 애완동물

Pets

MP3 21

parrot
[pǽrət] 패r럿

명 앵무새

Parrots can talk.
앵무새는 말을 할 수 있다.

iguana
[igwáːnə] 이그와나

명 이구아나

I am scared of iguanas.
나는 이구아나가 무섭다.

beetle
[bíːtl] 비이틀

명 딱정벌레

I have a couple of beetles.
나는 한 쌍의 딱정벌레를 가지고 있다.

parakeet
[pǽrəkìːt] 패러키잇

명 잉꼬

Parakeets always act together.
잉꼬들은 항상 같이 행동한다.

guinea pig
[gíni pig] 기니 피그

명 모르모트, 기니피그

John has a guinea pig.
존은 모르모트를 가지고 있다.

tortoise
[tɔ́ːrtəs] 토어r터스

명 거북

Tortoises don't move much.
거북들은 많이 움직이지 않는다.

tropical fish
[trápikəl fiʃ] 트r라피클 f피쉬

명 열대어

Tropical fishes have beautiful colors.
열대어들은 아름다운 색을 가지고 있다.

chick
[tʃik] 칙

명 병아리

The chicks are following a hen.
병아리들이 암탉 한 마리를 따라다니고 있다.

spider

[spáidər] 스파이더

명 거미

My friend Kevin has ten spiders.

케빈은 거미를 10마리 가지고 있다.

take care of

[teik kɛər ɑv]
테익 케어r 어브

숙 ~을 돌보다

You need to take care of this puppy.

너는 이 강아지를 돌봐야 돼.

growl

[graul] 그라울

동 으르렁거리다

The dog growled.

개가 으르렁거렸다.

obey

[oubéi] 오베이

동 복종하다, 순종하다

My pet always obeys me.

내 애완동물은 항상 내 말을 듣는다.

bathe the dog

[beið ðə dɔ:g] 베이드 더 덕

표 개를 목욕시키다

I bathe the dog once a week.

나는 개를 일주일에 한 번씩 목욕시킨다.

walk the dog

[wɔ:k ðə dɔ:g] 웍 더 덕

표 개를 산책시키다

Could you walk the dog today?

오늘 개를 산책시켜 줄래요?

기본 단어들도 다시 보자!

- ♣ dog 개
- ♣ kitten 새끼고양이
- ♣ hamster 햄스터
- ♣ cat 고양이
- ♣ rabbit 토끼
- ♣ bird 새
- ♣ puppy 강아지
- ♣ goldfish 금붕어

A 우리말로 뜻을 써 보세요.

① parakeet

② tropical fish

③ take care of

④ spider

⑤ parrot

⑥ iguana

⑦ guinea pig

⑧ walk the dog

⑨ beetle

⑩ chick

B CD를 듣고 들려 주는 단어를 찾아 동그라미 하세요.   MP3 22

① a. growl   b. obey   c. guinea pig

② a. tortoise   b. chick   c. spider

③ a. parakeet   b. parrot   c. iguana

④ a. bathe the dog   b. walk the dog   c. take care of

⑤ a. tropical fish   b. beetle   c. tortoise

C 빈칸 앞 첫 글자를 힌트로 해서 문장을 완성하세요.

① My p   can say "Hello!".
내 앵무새는 "안녕!"이라고 말할 수 있다.

② I can't find my s   .
내 거미를 못 찾겠어.

③ Laura's dog g   loudly.
로라네 개는 크게 으르렁거려요.

④ Our dog o   us all the time.
우리 개는 우리에게 항상 복종한다.

D CD를 듣고 알맞은 단어를 골라 영어 문장과 우리말 문장을 완성하세요.　MP3 22

① My _____ is really slow.

내 _____은 정말 느리다.

② You have to _____ this rabbit.

너는 이 토끼를 _____ 된단다.

③ I need to _____.

나는 _____ 해.

④ I lost my _____.

나는 내 _____를 잃어 버렸어.

⑤ Most of the kids are scared of _____.

대부분의 아이들은 _____를 무서워한다.

| bathe the dog | iguanas | tortoise | take care of | beetle |

E 힌트를 보고 알파벳을 따라가면서 알맞은 단어를 찾아 동그라미 하세요.

① PTDASKPARAKEETFGYDIEETPRSALXBNZADG

② JFHSGPRWOLWGROWLCNPSKFRELFJGROPS

③ PSDERSPLKXZNSQEFXKFJSPIDERFLAJPEKA

④ JKERODLSCNFKSLWPOBEYSKQZYDPWKQCA

| 힌트 | 1. 잉꼬 | 2. 으르렁거리다 |
| | 3. 거미 | 4. 복종하다 |

57

12 가구

Furniture

furniture
[fə́:rnitʃər] f퍼어r니쳐r

명 가구

There are a lot of pieces of furniture in the living room.
거실에는 많은 가구가 있어.

wardrobe
[wɔ́:rdròub] 워어r드로웁

명 옷장

Do you have a wardrobe in your bedroom?
네 방에 옷장 있니?

dresser
[drésər] 드레써r

명 화장대

I found the ring under the dresser.
나는 반지를 화장대 밑에서 찾았다.

dining table
[dáiniŋ téibəl] 다이닝 테이블

명 식탁

How big is your dining table?
너희 식탁은 얼마나 크니?

bookcase
[búkkèis] 북케이스

명 책장, 책꽂이

A boy took some books from the bookcase.
소년은 책장에서 책 몇 권을 꺼냈다.

stool
[stuːl] 스투울

명 스툴

I like to sit on a stool.
나는 스툴에 앉는 게 좋다.

rocking chair
[rákiŋ tʃɛ́ər] r락킹 췌어r

명 흔들의자

My mom bought a new rocking chair yesterday.
어제 엄마가 새 흔들의자 하나를 사셨다.

cabinet
[kǽbənit] 캐브닛

명 진열장

The cabinet was full of dishes.
그 진열장은 접시로 가득했다.

shoe shelf
[ʃuː ʃelf] 슈 쉘프

몡 신발장

I just put my boots in the shoe shelf.
나는 내 장화를 방금 신발장에 넣었어.

comfortable
[kʌ́mfərtəbəl] 컴퍼ㄹ터블

혱 편안한

It is so comfortable to lie down on a bed.
침대에 눕는 게 너무 편안하다.

furnish
[fə́ːrniʃ] f퍼어ㄹ니쉬

동 가구를 갖추다, 들여놓다

Did you furnish your office yet?
네 사무실에 벌써 가구를 다 갖췄니?

antique
[æntíːk] 앤티익

혱 골동품의

Is there any antique furniture in the room?
방에 골동품 가구가 있나요?

armchair
[ɑ́ːrmtʃɛ̀ər] 아암췌어ㄹ

몡 안락의자

My father always sits in the armchair after dinner.
아버지는 저녁식사 후에 늘 안락의자에 앉으신다.

arrange furniture
[əréindʒ fə́ːrnitʃər]
어레인쥐 f퍼어ㄹ니쳐ㄹ

표 가구를 배치하다

My mom wants to arrange the furniture in the living room again.
우리 엄마는 거실 가구를 다시 배치하길 원하신다.

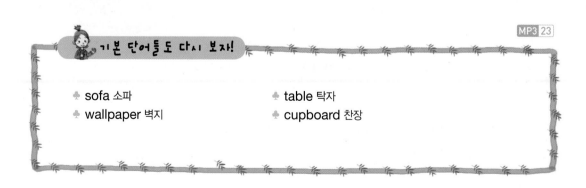

MP3 23

기본 단어들도 다시 보자!

♣ sofa 소파　　　　　　　♣ table 탁자
♣ wallpaper 벽지　　　　　♣ cupboard 찬장

A 우리말로 뜻을 써 보세요.

① comfortable   ② armchair

③ stool   ④ furnish

⑤ shoe shelf   ⑥ antique

⑦ bookcase   ⑧ arrange furniture

⑨ dining table   ⑩ dresser

B CD를 듣고 들려 주는 단어를 찾아 동그라미 하세요.   MP3 24

① a. rocking chair   b. antique   c. dresser

② a. armchair   b. bookcase   c. dining table

③ a. stool   b. wardrobe   c. comfortable

④ a. bookcase   b. furniture   c. cabinet

⑤ a. arrange furniture   b. rocking chair   c. stool

C 빈칸 앞 첫 글자를 힌트로 해서 문장을 완성하세요.

① What a beautiful d   d   this is!
정말 멋진 식탁이다!

② Please borrow some books in this b   .
이 책장에 있는 책 좀 빌려 줘.

③ My grandfather is watching TV in the a   .
우리 할아버지는 안락의자에서 텔레비전을 보고 계신다.

④ It is dangerous for babies to sit on a s   .
아기가 스툴에 앉는 건 위험하다.

D CD를 듣고 알맞은 단어를 골라 영어 문장과 우리말 문장을 완성하세요. MP3 24

① Do you like this ▆▆▆▆▆▆▆▆ ?

이 _____ 좋아하니?

② This apartment is all ▆▆▆▆▆▆▆▆ .

그 아파트는 완전히 _____ 있어.

③ Help me ▆▆▆▆▆▆▆▆ in my bedroom.

내 방 _____ 것 좀 도와줘.

④ Is this chair ▆▆▆▆▆▆▆▆ for you?

너 이 의자 _____ ?

⑤ The ▆▆▆▆▆▆▆▆ is too big for your dining room.

_____ 이 네 식당에는 너무 크다.

> arrange furniture   dining table   furnished   rocking chair
> comfortable

E 힌트를 보고 알맞은 단어를 찾아서 동그라미 하세요.

e	h	y	w	f	v	n	w	k
p	w	c	f	g	e	b	a	h
f	u	r	n	i	t	u	r	e
s	d	c	v	f	b	g	d	n
a	r	m	c	h	a	i	r	b
e	o	p	a	x	d	c	o	v
e	t	y	u	j	m	d	b	e
r	u	c	a	b	i	n	e	t

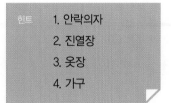

힌트
1. 안락의자
2. 진열장
3. 옷장
4. 가구

13 직업 1

Occupations I

musician
[mju:zíʃən] 뮤우지션

명 음악가

My uncle is a famous musician in Korea.
우리 삼촌은 한국에서 유명한 음악가야.

scientist
[sáiəntist] 싸이언티스트

명 과학자

I want to be a scientist in the future.
나는 장래에 과학자가 되고 싶어.

police officer
[pəlí:s ɔ́(:)fisər] 폴리이스 어피써r

명 경찰관

He asked a police officer how to go to City Hall.
그는 경찰관에게 시청에 가는 길을 물어 보았다.

architect
[á:rkitèkt] 아r키텍트

명 건축가

The museum was designed by an American architect.
그 박물관은 미국 건축가에 의해서 설계되었다.

reporter
[ripɔ́:rtər] r리포어r터r

명 기자

The reporter interviewed a basketball player.
그 기자는 농구선수를 인터뷰했다.

pilot
[páilət] 파일럿

명 조종사

A lot of children want to become a pilot.
많은 아이들이 조종사가 되고 싶어 한다.

artist
[á:rtist] 아r티스트

명 화가, 예술가

Do you know that famous artist on TV?
너 텔레비전에 나오는 저 화가 아니?

president
[prézidənt] 프레지던트

명 대통령

Who is the president in your country?
너희 나라의 대통령은 누구니?

lawyer
[lɔ́:jər] 로이어r

명 변호사

Jina will make a good lawyer.
지나는 훌륭한 변호사가 될 것이다.

fire fighter
[faiər fáitər] f파이어r f파이타r

명 소방관

The fire fighter was so brave.
그 소방관은 정말 용감했다.

designer
[dizáinər] 디자이너r

명 디자이너

My friend wants to be a fashion designer.
내 친구는 패션 디자이너가 되고 싶어 한다.

flight attendant
[flait əténdənt]
f플라잇 어텐던트

명 승무원

The flight attendant was taller than my father.
그 승무원은 우리 아빠보다 키가 컸다.

astronaut
[ǽstrənɔ́:t] 애스트r러너엇

명 우주비행사

My brother's dream is to be an astronaut.
내 남동생의 꿈은 우주비행사가 되는 것이다.

soldier
[sóuldʒər] 쏘울줘

명 군인

A soldier was shot in his arm.
군인이 팔에 총상을 입었다.

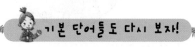

기본 단어들도 다시 보자!

MP3 25

- ♣ teacher 선생님
- ♣ dancer 무용수
- ♣ actor / actress 남자배우 / 여자배우
- ♣ doctor 의사
- ♣ nurse 간호사
- ♣ singer 가수

A 우리말로 뜻을 써 보세요.

① soldier ② lawyer

③ president ④ reporter

⑤ architect ⑥ police officer

⑦ pilot ⑧ artist

⑨ musician ⑩ fire fighter

B CD를 듣고 들려 주는 단어를 찾아 동그라미 하세요. MP3 26

① a. president b. lawyer c. scientist

② a. designer b. reporter c. astronaut

③ a. architect b. flight attendant c. president

④ a. pilot b. soldier c. police officer

⑤ a. artist b. scientist c. fire fighter

C 빈칸 앞 첫 글자를 힌트로 해서 문장을 완성하세요.

① Look at the famous d　　　　 on the stage.
무대 위에 있는 유명한 디자이너를 봐라.

② I am not afraid of the p　　　 o　　　　.
나는 그 경찰관이 무섭지 않다.

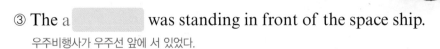

③ The a　　　　 was standing in front of the space ship.
우주비행사가 우주선 앞에 서 있었다.

④ There are a lot of f　　　　 f　　　　 in the fire station.
소방서에 많은 소방관들이 있다.

D CD를 듣고 알맞은 단어를 골라 영어 문장과 우리말 문장을 완성하세요.

① Why don't you ask a ＿＿＿＿＿ for some water?

＿＿＿＿＿＿한테 물 좀 달라고 하지 그러니?

② The ＿＿＿＿＿ discovered a new bacteria.

그 ＿＿＿＿＿＿는 새로운 박테리아를 발견했다.

③ Did the ＿＿＿＿＿ write this article?

그 ＿＿＿＿＿＿가 이 기사를 썼니?

④ The ＿＿＿＿＿ saved a little girl's life.

그 ＿＿＿＿＿＿이 소녀의 목숨을 구했다.

⑤ I have never seen the ＿＿＿＿＿ of Korea.

나는 한국의 ＿＿＿＿＿＿을 본 적이 없다.

scientist　　fire fighter　　president　　reporter　　flight attendant

E 힌트를 보고 빈칸에 알맞은 단어를 넣으세요.

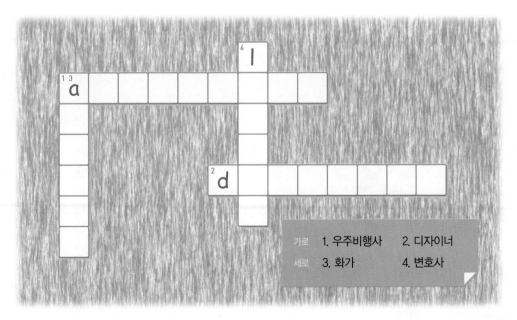

가로　1. 우주비행사　2. 디자이너
세로　3. 화가　4. 변호사

둘째 마당

학교 생활에서 늘 쓰는 표현들

14 과목

Subjects

subject
[sʌ́bdʒikt] 서브직트

명 과목

What is your favorite subject?
네가 가장 좋아하는 과목은 뭐니?

Korean
[kəríːən] 커리언

명 국어

Can you say the word in Korean?
그 단어를 한국말로 할 수 있니?

science
[sáiəns] 싸이언쓰

명 과학

I am very interested in science.
나는 과학에 매우 흥미를 느껴.

history
[hístəri] 히스터리

명 역사

I hate history most.
나는 역사가 가장 싫어.

English
[íŋgliʃ] 잉글리쉬

명 영어

Mr. Park speaks English very well.
박 선생님은 영어를 아주 잘하셔.

mathematics
[mæ̀θəmǽtiks] 매쓰매틱스

명 수학

Mathematics is very hard for me.
수학은 나한테 너무 어려워.

music
[mjúːzik] 뮤우직

명 음악

I like music class.
나는 음악 시간을 좋아한다.

art
[ɑːrt] 아트

명 미술

Are you familiar with art?
너는 미술에 대해서 잘 아니?

social studies

[sóuʃəl stʌdiz]
쏘우셜 스터디즈

명 사회

Social studies is one of the most difficult subjects.
사회는 가장 어려운 과목 중 하나다.

physical education

[fízikəl édʒukèiʃən]
†피지클 에쥬케이션

명 체육 (= P. E.)

Boys love physical education.
남자아이들은 체육을 좋아한다.

lesson

[lésn] 레쓴

명 과목, 수업

Mr. Kim's lesson is very exciting.
김 선생님의 수업은 정말 흥미롭다.

attend a class

[əténd ə klæs] 어텐드 어 클래스

표 수업을 받다

I can't attend classes because I am sick.
나 아파서 수업을 받지 못하겠어.

miss a class

[mis ə klæs] 미쓰 어 클래스

표 수업을 빼먹다

My friend never misses a class.
내 친구는 절대 수업을 빼먹지 않는다.

attitude

[ǽtitjùːd] 애티튜드

명 태도, 자세

He has a good attitude in class.
그는 수업시간에 태도가 좋다.

MP3 27

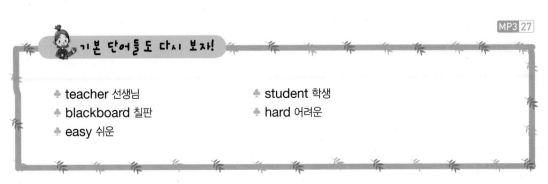

기본 단어들도 다시 보자!

- ♣ teacher 선생님
- ♠ blackboard 칠판
- ♣ easy 쉬운
- ♣ student 학생
- ♣ hard 어려운

A 우리말로 뜻을 써 보세요.

① history

② subject

③ music

④ Korean

⑤ attend a class

⑥ art

⑦ science

⑧ attitude

⑨ mathematics

⑩ lesson

B CD를 듣고 들려 주는 단어를 찾아 동그라미 하세요.　　　　　　　　　　MP3 28

① a. history　　　　　b. English　　　　　c. music

② a. miss a class　　　b. attend a class　　c. social studies

③ a. Korean　　　　　b. subject　　　　　c. science

④ a. physical education　b. art　　　　　c. mathematics

⑤ a. music　　　　　b. social studies　　c. miss a class

C 빈칸 앞 첫 글자를 힌트로 해서 문장을 완성하세요.

① Do you like m　　　　?

　너 수학 좋아하니?

② Which s　　　　do you hate most?

　네가 가장 싫어하는 과목이 어떤 거니?

③ I will m　　　　a c　　　　because I have to see a doctor.

　나는 병원에 가야 하기 때문에 수업을 빼먹을 거야.

④ Can you speak E　　　　?

　너 영어로 말할 수 있니?

D CD를 듣고 알맞은 단어를 골라 영어 문장과 우리말 문장을 완성하세요. MP3 28

① I have a P.E. _____ today.

나는 오늘 체육 _____이 있다.

② Sam loves to draw in the _____ class.

샘은 _____시간에 그림 그리는 것을 좋아한다.

③ He didn't _____ in the morning.

그는 오늘 아침 수업에 _____ 않았다.

④ My favorite _____ is Korean.

내가 가장 좋아하는 _____은 국어이다.

⑤ Everybody loves _____ .

모두가 _____을 좋아한다.

| attend a class | art | lesson | subject | music class |

E 힌트를 보고 알파벳을 따라가면서 알맞은 단어를 찾아 동그라미 하세요.

① WKEOTMQKTLUTLQRLYLWLYHISTORYQKEOYTPEK

② QKEWITOWPDKXMDJGKWLRPYLQHSUBJECTQKEO

③ WEKRIQLDEMFIQMATHEMATICSWJEITYOQPDCKFJ

④ QKWEIRTOSMDMCVSJEOTKWENGLISHQKEITOSM

| 힌트 | 1. 역사 | 2. 과목 |
| | 3. 수학 | 4. 영어 |

71

School

학교

15

homeroom teacher
[hóumrù(:)m tí:tʃər]
호움r룸 티이쳐r

명 담임선생님

Who is your homeroom teacher?
담임선생님이 누구시니?

gym
[dʒim] 쥠

명 체육관

Do you have a gym in your school?
너희 학교에 체육관이 있니?

uniform
[júːnəfɔ̀:rm] 유우니f포어음

명 교복

I don't want to wear a uniform on Saturdays.
나는 토요일에는 교복을 안 입으면 좋겠어.

cleanup
[klí:nʌp] 클리넙

명 청소

We did a big cleanup at school.
우리는 학교에서 대청소를 했다.

principal
[prínsəpəl] 프린서펄

명 교장선생님

Mr. Park is our school principal.
박 선생님이 우리 학교 교장선생님이셔.

be late for school
[bi leit fɔ:r sku:l]
비 레잇 f포어r 스쿠울

표 학교에 지각하다

Jenny was late for school today.
제니는 오늘 학교에 지각했다.

auditorium
[ɔ̀:ditɔ́:riəm] 어디토어리엄

명 강당

What a big auditorium this is!
이 강당 정말 크구나!

cafeteria
[kæ̀fitíəriə] 캐피티어리어

명 교내식당

I usually have lunch at the cafeteria.
나는 보통 교내식당에서 점심을 먹어.

playground
[pleigraund] 플레이그ㄹ라운드

⌈명⌉ 운동장

Students are playing soccer in the playground.
학생들이 운동장에서 축구를 하고 있어.

lab
[læb] 랩

⌈명⌉ 실험실

We have a huge science lab.
우리는 아주 큰 과학 실험실이 있어.

locker
[lάkər] 라커r

⌈명⌉ 사물함

My locker is so messy.
내 사물함은 지저분하다.

school picnic
[skuːl píknik] 스쿨 피크닉

⌈명⌉ 학교소풍

We are going on a school picnic.
우리는 학교에서 소풍 간다.

makeup class
[meikʌp klæs]
메이컵 클래스

⌈명⌉ 보충수업

We have to have a makeup class today.
우리는 오늘 보충수업을 받아야 한다.

school rule
[skuːl ruːl] 스쿨 루울

⌈명⌉ 학교 규칙

We have to follow the school rules.
우리는 학교 규칙을 따라야 한다.

MP3 29

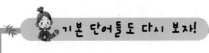 기본 단어들도 다시 보자!

- ♣ school 학교
- ♣ classroom 교실
- ♣ school library 학교 도서관
- ♣ school parent 학부모
- ♣ teacher's room 교무실

A 우리말로 뜻을 써 보세요.

① gym

② homeroom teacher

③ cleanup

④ cafeteria

⑤ uniform

⑥ makeup class

⑦ auditorium

⑧ locker

⑨ lab

⑩ be late for school

B CD를 듣고 들려 주는 단어를 찾아 동그라미 하세요. **MP3 30**

① a. school picnic   b. gym   c. cafeteria

② a. uniform   b. playground   c. principal

③ a. cleanup   b. homeroom teacher   c. auditorium

④ a. locker   b. school rule   c. playground

⑤ a. principal   b. be late for school   c. makeup class

C 빈칸 앞 첫 글자를 힌트로 해서 문장을 완성하세요.

① This man is our p   in this picture.

이 사진 속에 이 사람이 우리 교장선생님이셔.

② I am afraid of being l   for s   .

나는 학교에 늦을까봐 걱정 된다.

③ We have to wear a u   every day.

우리는 매일 교복을 입어야 한다.

④ Who is your h   t   ?

누가 너희 담임선생님이시니?

D CD를 듣고 알맞은 단어를 골라 영어 문장과 우리말 문장을 완성하세요. MP3 30

① When do we have to start doing a ▭?

언제 _____를 시작해야 하나요?

② Nobody wants to have a ▭.

아무도 _____ 하는 것을 좋아하지 않는다.

③ Where is your ▭ located?

네 _____은 어디 있니?

④ We are going to the computer ▭.

우리는 컴퓨터_____에 가고 있다.

⑤ I am very excited about the ▭ today.

나는 오늘 _____으로 아주 흥분된다.

| locker | makeup class | cleanup | lab | school picnic |

E 힌트를 보고 알맞은 단어를 찾아서 동그라미 하세요.

d	w	d	e	g	t	p	u	j
i	u	n	i	f	o	r	m	c
n	j	p	q	m	w	i	v	g
j	g	y	m	e	g	n	j	w
f	x	g	n	h	k	c	p	q
f	s	e	b	g	n	i	m	k
p	w	f	t	h	y	p	n	h
l	o	c	k	e	r	a	y	i
p	x	v	w	f	g	l	j	u

힌트
1. 교장선생님
2. 체육관
3. 교복
4. 사물함

16 쉬는 시간

recess

recess
[ríːses] r리이세쓰

명 쉼, 쉬는 시간

What time is your recess?
쉬는 시간이 몇 시니?

go to the restroom
[gou tuː ðə restruːm]
고우 투 더 r레스트r루움

표 화장실 가다

I have to go to the restroom.
나 화장실 가야 돼.

relax
[riláeks] r릴랙스

동 쉬다

Why don't you relax?
좀 쉬는 게 어떠니?

go pee
[gou piː] 고우 피이

표 오줌 누러 가다

Let's go pee.
오줌 누러 가자.

go to poop
[gou tuː puːp] 고우 투 푸웁

표 대변 보러 가다

I need to go to poop.
나는 대변 보러 가야 해.

in a hurry
[in ə hə́ːri] 인 어 허어리

부 급히, 서둘러

Why are you in a hurry?
왜 그렇게 서두르니?

take a rest
[teik ə rest]
테이크 어 r레스트

표 쉬다

I am taking a rest.
나 쉬고 있어.

snack
[snæk] 스낵

명 간식

Do you want a snack?
간식 좀 줄까?

for a while
[fɔ:r ə hwail] 포어 어 와일

투 잠시

Rest for a while.
잠시 쉬어라.

take it easy
[teik it í:zi] 테이크 잇 이지

표 편히 쉬다

Take it easy, Mike.
편히 쉬어라, 마이크.

drink water
[driŋk wɔ́:tər] 드링크 워터

표 물 마시다

Do you want to drink water?
물 좀 마실래?

wash hands
[waʃ hænz] 워쉬 핸즈

표 손을 씻다

It is important to wash hands before eating.
먹기 전에 손을 씻는 것은 중요하다.

take a nap
[teik ə næp] 테이크 어 냎

표 졸다

She is taking a nap.
그녀는 졸고 있다.

break
[breik] 브레이크

명 휴식

Let's take a 10-minute break.
10분 쉬는 시간을 갖자.

MP3 31

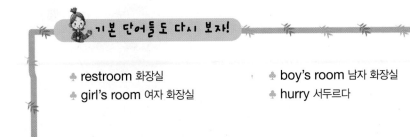

기본 단어들도 다시 보자!

- ♣ restroom 화장실
- ♣ girl's room 여자 화장실
- ♣ boy's room 남자 화장실
- ♣ hurry 서두르다

A 우리말로 뜻을 써 보세요.

① break
② go to the restroom
③ drink water
④ snack
⑤ take it easy
⑥ go pee
⑦ recess
⑧ for a while
⑨ go to poop
⑩ wash hands

B CD를 듣고 들려 주는 단어를 찾아 동그라미 하세요.
MP3 32

① a. take a nap   b. go pee   c. in a hurry
② a. recess   b. break   c. snack
③ a. relax   b. drink water   c. wash hands
④ a. for a while   b. take a rest   c. break
⑤ a. go to poop   b. take it easy   c. go to the restroom

C 빈칸 앞 첫 글자를 힌트로 해서 문장을 완성하세요.

① You'd better w_____ your h_____.
손을 씻는 게 좋겠다.

② I am i_____ a h_____ to go pee.
나 소변 보러 가는 거 급해.

③ Look at him. He is t_____ a n_____.
저 애 좀 봐. 자고 있네.

④ Teacher, I need to d_____ some w_____.
선생님. 저 물 좀 마시고 싶어요.

D CD를 듣고 알맞은 단어를 골라 영어 문장과 우리말 문장을 완성하세요.   MP3 32

① You look tired. Go and _____.

피곤해 보이는구나. 가서 좀 _____.

② He _____ a lot of _____.

그는 많은 _____.

③ Do you want to have a _____ now?

지금 _____을 가질까?

④ I have to clean my room _____.

나 _____ 내 방 치워야 돼.

⑤ I am _____ now.

나 지금 _____ 가.

take a rest   recess   drinks, water   going pee   for a while

E 힌트를 보고 빈칸에 알맞은 단어를 넣으세요.

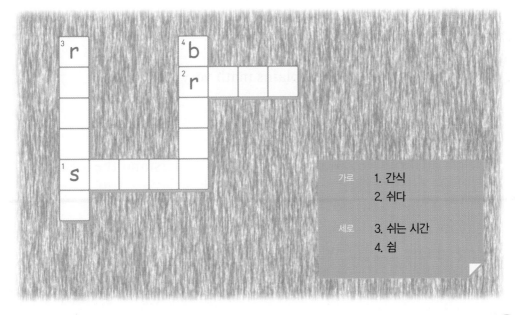

가로   1. 간식
       2. 쉬다

세로   3. 쉬는 시간
       4. 쉼

17 수업

Class

question
[kwéstʃən] 퀘스천

몡 질문

Do you have any questions?
다른 질문 있나요?

answer
[ǽnsər] 앤써r

몡 대답 통 대답하다

I don't know the answer.
답을 모르겠어요.

discussion
[diskʌ́ʃən] 디스커션

몡 토론

I enjoy having a discussion.
나는 토론하는 것을 즐긴다.

opinion
[əpínjən] 어피니언

몡 의견, 견해

Do you have any other opinion?
다른 의견 없나요?

express
[iksprés] 익쓰프레쓰

통 표현하다

I expressed my thought in detail.
나는 내 생각을 자세히 표현했다.

explain
[ikspléin] 익쓰플레인

통 설명하다

He explains math very well.
그는 수학을 정말 잘 설명한다.

understand
[ʌndərstǽnd] 언더r스탠드

통 이해하다

It is hard for me to understand the lesson.
나는 그 수업을 이해하기 어려워.

be good at
[bi gud æt] 비 굳 앳

슉 ~을 잘하다

What are you good at?
너는 뭘 잘하니?

be poor at
[bi puər æt] 비 푸어 앳

(숙) ~을 잘하지 못하다

I am poor at science.
나는 과학을 잘 못해.

pay attention to
[pei əténʃən tu:]
페이 어텐션 투

(숙) ~에 집중하다, 주의를 기울이다

Please pay attention to the presentation.
발표에 집중해 주세요.

focus on
[fóukəs ɑn] 포우커스 언

(숙) ~에 집중하다

A lot of students focus on a new teacher.
많은 학생들이 새로운 선생님에게 집중한다.

doze
[douz] 도우즈

(동) 졸다

She dozes during the class very often.
그녀는 그 수업 중에 자주 존다.

skip class
[skip klæs] 스킵 클래스

(숙) 수업을 빼먹다

I never skip the class.
나는 절대 그 수업을 빼먹지 않는다.

presentation
[prèzəntéiʃən] 프레즌테이션

(명) 발표

It is difficult to do a presentation in front of people.
사람들 앞에서 발표하는 것은 어렵다.

MP3 33

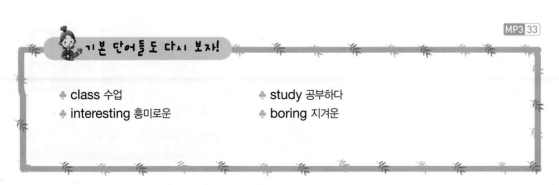

기본 단어들도 다시 보자!

♠ class 수업
♣ interesting 흥미로운
♠ study 공부하다
♣ boring 지겨운

A 우리말로 뜻을 써 보세요.

① opinion _____ ② doze _____

③ be poor at _____ ④ discussion _____

⑤ skip class _____ ⑥ question _____

⑦ presentation _____ ⑧ understand _____

⑨ explain _____ ⑩ express _____

B CD를 듣고 들려 주는 단어를 찾아 동그라미 하세요.

MP3 34

① a. answer   b. understand   c. doze

② a. be good at   b. be poor at   c. focus on

③ a. presentation   b. question   c. discussion

④ a. opinion   b. attention   c. explain

⑤ a. understand   b. skip class   c. question

C 빈칸 앞 첫 글자를 힌트로 해서 문장을 완성하세요.

① Look at him. He is d_____.

저 아이 봐. 졸고 있어.

② Jane does a p_____ well.

제인은 발표를 잘한다.

③ My friend knows the a_____.

내 친구는 답을 알고 있다.

④ Do you want to have a d_____?

토론하고 싶나요?

D CD를 듣고 알맞은 단어를 골라 영어 문장과 우리말 문장을 완성하세요. MP3 34

① I _____ solving this problem.

나는 이 문제를 _____.

② Please _____ it to me one more time.

그걸 한번만 더 _____.

③ It is not allowed to _____ in the class.

수업시간에 _____ 못하도록 되어 있다.

④ You have to _____ your teacher all the time.

너는 항상 선생님한테 _____ 한다.

⑤ Everybody has his or her own _____.

모두가 자신만의 _____을 가지고 있다.

| explain | am good at | doze | focus on | opinion |

E 힌트를 보고 길을 따라가면서 알맞은 단어를 찾아 동그라미 하세요.

① SWJTKWPYKEKYOEXPLAINSWOEKYOWQOYKGM

② QJEWUTIWODKZMGJEXPRESSAQKEITOWPYKSN

③ CMDKGQUESTIONRQJEKTOWPDLFQKEOTPSLDF

④ DJWIEOYPSLHKDJDJUNDERSTANDEWKEITKSOG

힌트	1. 설명하다	2. 표현하다
	3. 질문	4. 이해하다

 **18** 방과 후

After School

MP3 35

after school
[ǽftər skuːl] 애프터r 스쿠울

표 방과 후

Do you have any plans after school?
방과 후에 계획 있니?

activity
[æktívəti] 액티버티

명 교내 활동

What kind of activities does your school have?
너희 학교에는 어떤 활동들이 있니?

club
[klʌb] 클럽

명 동아리, 클럽

I am a member of the piano club.
나는 피아노 클럽 회원입니다.

join
[dʒɔin] 죠인

동 가입하다, 회원이 되다

I want to join your club.
너희 동아리에 가입하고 싶어.

member
[mémbər] 멤버r

명 일원, 회원

Every member has a membership card.
모든 회원은 회원권을 가지고 있다.

music club
[mjúːzik klʌb] 뮤우직 클럽

명 음악 클럽

My sister wants to be a member of the music club.
내 여동생은 음악 클럽의 회원이 되길 원한다.

art club
[aːrt klʌb] 아트 클럽

명 미술 클럽

We have an art club meeting at 3 o'clock.
우리는 3시에 미술 클럽 모임이 있다.

reading club
[ríːdiŋ klʌb] 리이딩 클럽

명 독서 클럽

There are many students in the reading club.
독서 클럽에 많은 학생들이 있다.

basketball club

[bǽskitbɔ̀:l klʌb]
배스킷버얼 클럽

명 농구 클럽

Who wants to join the basketball club?
누가 농구 클럽에 들어올래?

---

violin club

[vàiəlín klʌb] 바이얼린 클럽

명 바이올린 클럽

No one wants to join a violin club.
아무도 바이올린 클럽에 들어오길 원하지 않는다.

---

computer club

[kəmpjú:tər klʌb]
컴퓨우터r 클럽

명 컴퓨터 클럽

The computer club is the most popular among students.
컴퓨터 클럽이 학생들 사이에 가장 인기 있다.

---

soccer club

[sákər klʌb] 싸커r 클럽

명 축구 클럽

I love to be in the soccer club.
나는 축구부에 있는 게 좋다.

---

belong to

[bilɔ́(:)ŋ tu:] 빌렁 투

숙 ～에 속하다

My brother belongs to the music club.
내 동생은 축구부에 속해 있다.

---

academy

[əkǽdəmi] 어캐더미

명 학원

How many times do you go to an academy a week?
일주일 몇 번이나 학원에 가니?

기본 단어들도 다시 보자!

MP3 35

- ♣ meeting 모임, 만남
- ♣ choose 선택하다
- ♣ learn 배우다
- ♣ fun 재미난
- ♣ kind 종류

A 우리말로 뜻을 써 보세요.

① club ② belong to

③ violin club ④ after school

⑤ activity ⑥ academy

⑦ soccer club ⑧ reading club

⑨ join ⑩ member

B CD를 듣고 들려 주는 단어를 찾아 동그라미 하세요.   MP3 36

① a. computer club   b. music club   c. art club

② a. academy   b. join   c. activity

③ a. soccer club   b. after school   c. belong to

④ a. club   b. member   c. academy

⑤ a. basketball club   b. art club   c. computer club

C 빈칸 앞 첫 글자를 힌트로 해서 문장을 완성하세요.

① My favorite club is a m____ c____.
   내가 가장 좋아하는 클럽은 음악 클럽이다.

② Are you a m____ of this club?
   너는 이 클럽의 회원이니?

③ Choose any a____ you like.
   네가 좋아하는 어떤 활동이든 골라라.

④ What do you usually do a____ s____?
   너는 보통 방과 후에 뭐하니?

D CD를 듣고 알맞은 단어를 골라 영어 문장과 우리말 문장을 완성하세요.　　　　MP3 36

① Usually boys choose a ███████████ .

　남자아이들은 _____을 선택한다.

② I never belong to a ███████████ .

　나는 한번도 _____에 들어간 적이 없다.

③ What a big ███████████ it is!

　_____이 크기도 하다!

④ He really enjoys ███████████ after school.

　그는 정말 방과 후 _____을 즐긴다.

⑤ When did you ███████████ the club?

　너 언제 그 클럽에 _____?

| soccer club | activities | art club | join | basketball club |

E 힌트를 보고 알맞은 단어를 찾아서 동그라미 하세요.

c	e	g	t	u	i	o	p	d	v
g	m	e	m	b	e	r	k	q	f
c	h	n	o	p	q	f	c	b	h
j	w	f	y	n	m	t	l	v	g
j	i	n	a	x	d	t	u	y	u
a	c	a	d	e	m	y	b	y	z
v	b	j	m	k	p	q	e	t	y
g	b	a	c	t	i	v	i	t	y

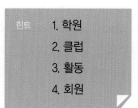

힌트
1. 학원
2. 클럽
3. 활동
4. 회원

19 과제물

Homework

do one's homework
[duː wʌns hóumwə̀ːrk]
두 원스 호움워r크

표 숙제를 하다

You have to start doing your homework.
너는 숙제를 시작해야 한다.

---

assignment
[əsáinmənt] 어싸인먼트

명 숙제

Do you have a math assignment today?
너 오늘 수학 숙제 있니?

---

hand in
[hænd in] 핸드 인

숙 제출하다

I have to hand in this homework right away.
바로 이 숙제를 제출해야 해.

---

in time
[in taim] 인 타임

부 제 시간에

Can you come home in time?
집에 제 시간에 올 수 있니?

---

by oneself
[bai wʌnsélf] 바이 원쎌프t

부 혼자

I always clean my room by myself.
나는 항상 내 방을 혼자 청소한다.

---

take
[teik] 테이크

동 (시간이) 걸리다

It takes 30 minutes to do my homework.
숙제 하는 데 30분 걸린다.

---

research
[risə́ːrtʃ] r리써어r취

동 자료 찾다   명 조사, 연구

I went to the library to research something.
뭐 좀 자료를 찾느라고 도서관에 갔었다.

---

check
[tʃek] 첵

동 검사하다   명 검사

Our teacher checks homework every day.
우리 선생님은 숙제를 매일 검사하신다.

in advance
[in ədvǽns] 인 어드밴스

㈰ 미리, 먼저

I often do my homework in advance.
나는 종종 미리 숙제를 해 놓는다.

try to
[trai tuː] 트라이 투

㈌ ~하려고 하다, 시도하다

My friends and I tried to finish our homework in time.
내 친구들과 나는 제 시간에 숙제를 끝내려고 했다.

quickly
[kwíkli] 크윅클리

㈰ 빨리, 급히

She does her homework very quickly.
그 여자아이는 숙제를 매우 빨리 한다.

finish up
[fíniʃ ʌp] f피니쉬 업

㈞ 끝내다

You'd better finish up your homework now.
너 지금 숙제를 마치는 게 낫겠다.

erase
[iréiz] 이레이즈

㈌ 지우다

Erase the answer and do it again.
답을 지우고 다시 해라.

help
[help] 헬프

㈌ 돕다 ㈓ 도움

I helped my friend with his homework.
나는 내 친구 숙제를 도와주었다.

MP3 37

기본 단어들도 다시 보자!

- ♣ homework 숙제
- ♣ a lot of 많은
- ♣ too much 너무 많은
- ♣ heavy 많은

실력이 쑥쑥 올라가는

A 우리말로 뜻을 써 보세요.

① erase

② try to

③ in advance

④ do one's homework

⑤ finish up

⑥ assignment

⑦ by oneself

⑧ in time

⑨ check

⑩ hand in

B CD를 듣고 들려 주는 단어를 찾아 동그라미 하세요. MP3 38

① **a.** quickly　　　　　**b.** assignment　　　　**c.** check

② **a.** by oneself　　　　**b.** research　　　　　**c.** do one's homework

③ **a.** try to　　　　　　**b.** in time　　　　　　**c.** in advance

④ **a.** hand in　　　　　 **b.** finish up　　　　　 **c.** help

⑤ **a.** research　　　　　**b.** assignment　　　　 **c.** erase

C 빈칸 앞 첫 글자를 힌트로 해서 문장을 완성하세요.

① **I am going to** c   **your homework.**

너희들 숙제를 검사하겠다.

② **Can you do it** b   y   ?

너 그거 혼자 할 수 있겠니?

③ **Please** f   **your homework first.**

먼저 숙제부터 끝내라.

④ **Do you have any** a   **today?**

오늘 숙제 있니?

D CD를 듣고 알맞은 단어를 골라 영어 문장과 우리말 문장을 완성하세요. `MP3 38`

① You have to go to the library _____.

너 도서관엔 _____ 가야 한다.

② Please _____ me with this problem.

이 문제 좀 _____.

③ What do you have to _____ about?

넌 무엇에 대해 _____ 하니?

④ You should _____ the homework today.

너 오늘 숙제를 _____ 한다.

⑤ I always drink soda _____.

나는 항상 탄산음료를 _____ 마셔.

| help | in time | quickly | hand in | research |

E 힌트를 보고 빈칸에 알맞은 단어를 넣으세요.

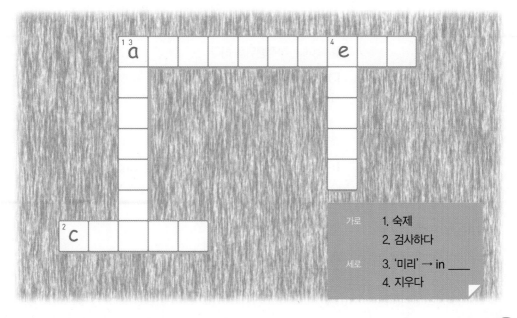

가로 1. 숙제
2. 검사하다

세로 3. '미리' → in ____
4. 지우다

Test

exam
[igzǽm] 이그잼

몡 시험

I hate exams.
나는 시험이 싫어.

midterm
[mídtə:rm] 미드터엄

몡 중간고사

Did you study for the midterm?
중간고사 공부했니?

final exam
[fáinəl igzǽm] 파이늘 이그잼

몡 기말고사

I am not ready for taking the final exam.
나는 기말고사를 볼 준비가 안 돼 있다.

prepare for
[pripɛ́ər fɔ:r] 프리페어r 포어r

숙 ~을 준비하다

Did you prepare for the test tomorrow?
내일 시험 준비했니?

pop quiz
[pɑp kwiz] 팝 크위즈

몡 쪽지시험

My teacher gave us a pop quiz during the class.
선생님이 수업 중에 우리에게 쪽지 시험을 내주셨다.

cheat
[tʃi:t] 취잇

동 속이다, 부정행위를 하다

Don't cheat on your test.
시험에서 부정행위는 하지 마라.

stay up late
[stei ʌp] 스테이 업 레잇

동 늦게까지 자지 않다

I stayed up late for studying last night.
나는 어젯밤에 공부하느라고 늦게까지 자지 않았다.

multiple-choice
[mʌ́ltəpəl tʃɔis] 멀터플 쵸이스

몡 객관식

Are you familiar with multiple-choice tests?
너는 객관식 시험에 익숙하니?

get stressed
[get strest] 겟 스트레스트

동 스트레스 받다

He got stressed because of the final exam.
그는 기말고사 때문에 스트레스를 받았다.

do well
[du: wel] 두 웰

동 잘하다

I always do well at school.
나는 항상 성적이 좋다.

make good grades
[meik gud greidz]
메이크 굳 그레이즈

표 성적이 좋다

Did you make good grades on your English test?
영어시험 성적 잘 나왔니?

result
[rizʌ́lt] 리절트

명 결과

Our teacher is going to give us the test result today.
선생님은 오늘 시험 결과를 알려 주실 것이다.

score
[skɔːr] 스코어r

명 점수

What score did you get in math?
수학에서 몇 점 받았니?

terrible
[térəbəl] 테러블

형 형편없는

I got a terrible grade in history.
나는 역사에서 형편없는 성적을 받았다.

MP3 39

기본 단어들도 다시 보자!

♣ test 시험
♣ wrong 틀린
♣ good 좋은
♣ right 올바른, 맞은
♣ grade 성적
♣ bad 나쁜

A 우리말로 뜻을 써 보세요.

① cheat ②result

③ do well ④ prepare for

⑤ get stressed ⑥ score

⑦ exam ⑧ stay up late

⑨ midterm ⑩ make good grades

B CD를 듣고 들려 주는 단어를 찾아 동그라미 하세요.   MP3 40

① a. grade   b. exam   c. cheat

② a. stay up   b. do well   c. get stressed

③ a. pop quiz   b. prepare for   c. multiple-choice

④ a. result   b. score   c. final exam

⑤ a. do well   b. get stressed   c. stay up

C 빈칸 앞 첫 글자를 힌트로 해서 문장을 완성하세요.

① How much did you p   f   your test?
시험공부를 얼마나 했니?

② It is not allowed to c   during the exam.
시험 시간에 부정행위를 하는 것은 금지되어 있다.

③ I am going to show my test r   to Mom.
나는 엄마한테 시험 결과 보여드릴 거다.

④ He s   u   l   for the final test.
그는 기말고사 때문에 늦게까지 자지 않았다.

D CD를 듣고 알맞은 단어를 골라 영어 문장과 우리말 문장을 완성하세요. **MP3 40**

① I am afraid of having a _____ in the class.

나는 수업시간에 _____ 보는 것이 무섭다.

② Did you _____? You don't look so good.

_____? 안색이 안 좋구나.

③ I saw my classmate _____ during the test.

나는 시험 도중에 교우가 _____을 보았다.

④ Remember! _____ at school.

기억해 둬라! 성적 _____.

⑤ I _____ the exam with my friends.

나는 친구들과 함께 시험을 _____.

get stressed   pop quiz   cheat   Do well   prepared for

E 힌트를 보고 알파벳을 따라가면서 알맞은 단어를 찾아 동그라미 하세요.

① WJEITOSAKDGKLSKFGLRESULTQWOELTSDLFLGH

② SMEJMIDTERMQKEITOADMGLKASMDLAPDSKLSK

③ WKEOTKWMLSEIEWLTWMETGEXAMAKJQWITOWE

④ WLIEKRWEKLKJSGLKJGSCOREADKJFHSKDJAKJS

힌트	1. 결과	2. 중간고사
	3. 시험	4. 점수

 친구 사귀기

Making Friends

classmate
[klǽsmèit] 클래스메잇

명 급우, 반친구

They are all my classmates.
그들은 모두 내 급우이다.

---

schoolmate
[skú:lmèit] 스쿨메잇

명 학교친구

Aren't they your schoolmates?
재네들이 네 학교친구들 아니니?

---

buddy
[bʌ́di] 버디

명 단짝 친구

She and I are old buddies.
그녀와 나는 오래된 단짝 친구다.

---

childhood
[tʃáildhùd] 챠일드후드

명 어린 시절   형 어린 시절의

Do you still remember your childhood?
너는 아직도 네 어린 시절을 기억하니?

---

relationship
[riléiʃənʃip] r릴레이션쉽

명 관계

I have a very special relationship with Jane.
나는 제인과 아주 특별한 관계야.

---

best friend
[best frend] 베스트 f프렌드

명 가장 친한 친구

Who is your best friend?
너의 가장 친한 친구는 누구니?

---

share
[ʃɛər] 쉐어r

동 함께 나누다

I will share some big news with you.
너한테 굉장한 뉴스를 알려 줄게.

---

have fun
[hæv fʌn] 해브 f펀

표 재미있게 놀다, 재미있는 시간을 보내다

Let's have fun all day long.
하루 종일 재미있게 지내자.

interest
[íntərist] 인터ㄹ리스트

명 흥미, 관심

My big interest is a computer game.
나의 큰 관심사는 컴퓨터 게임이야.

hang around
[hæŋ əràund] 행 어라운드

숙 어울려 다니다, 배회하다

My friends and I were just hanging around.
내 친구들과 나는 그냥 어울려 다니고 있었다.

be friends with
[bi frendz wið]
비 f프렌ㄹ즈 위드

표 ~와 친구로 지내다

I am excited about being friends with Mike.
나는 마이크와 친구로 지내는 것이 신난다.

keep a secret
[kiːp ə síːkrit] 킾 어 씨이크ㄹ릿

표 비밀을 지키다

I always keep a secret for sure.
나는 항상 비밀을 반드시 지킨다.

make fun of
[meik fʌn ɑv] 메익 f펀 어브

숙 ~을 놀려대다

Don't make fun of friends.
친구들을 놀리지 마라.

friendship
[fréndʃip] f프렌(드)쉽

명 우정

Our friendship is valuable.
우리의 우정은 소중하다.

MP3 41

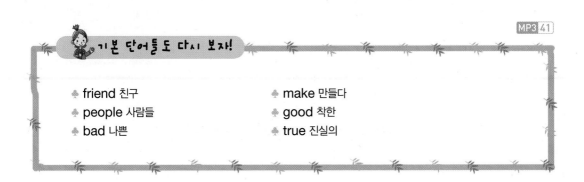

기본 단어들도 다시 보자!

- ♣ friend 친구
- ♣ people 사람들
- ♣ bad 나쁜

- ♣ make 만들다
- ♣ good 착한
- ♣ true 진실의

A 우리말로 뜻을 써 보세요.

① hang around   ② schoolmate

③ share   ④ childhood

⑤ interest   ⑥ best friend

⑦ keep a secret   ⑧ classmate

⑨ relationship   ⑩ buddy

B CD를 듣고 들려 주는 단어를 찾아 동그라미 하세요.   MP3 42

① a. childhood   b. interest   c. classmate

② a. keep a secret   b. hang around   c. share

③ a. schoolmate   b. friendship   c. best friend

④ a. have fun   b. be friends with   c. buddy

⑤ a. make fun of   b. classmate   c. keep a secret

C 빈칸 앞 첫 글자를 힌트로 해서 문장을 완성하세요.

① She and I have the same i   .

그녀와 나는 같은 관심사들을 가지고 있다.

② A good b   will be with me forever.

좋은 친구는 언제까지나 나랑 같이 있을 거다.

③ Do you have any c   pictures?

어린 시절 사진을 가지고 있니?

④ Don't m   f   o   anyone at school.

학교에는 누구도 놀려서는 안 된다.

D CD를 듣고 알맞은 단어를 골라 영어 문장과 우리말 문장을 완성하세요. MP3 42

① I want to _____ you for good.

나는 너와 영원히 _____이고 싶다.

② Please _____. Don't tell anyone.

_____. 아무한테도 말하면 안 돼.

③ He is a really good _____.

그는 정말 좋은 _____이다.

④ I try to _____ everything with my sister.

나는 모든 것을 내 동생과 _____ 노력해.

⑤ We have been _____ for 10 years.

우리는 10년 동안 _____다.

keep a secret   best friends   be friends with   buddy   share

E 힌트를 보고 알맞은 단어를 찾아서 동그라미 하세요.

m	j	o	p	q	d	v	g	m	j
a	c	h	i	l	d	h	o	o	d
k	c	v	h	n	j	w	r	y	u
e	p	a	c	d	h	a	v	e	r
y	b	g	n	m	j	k	e	f	t
f	r	i	e	n	d	s	h	i	p
n	m	g	k	r	t	n	f	j	u

힌트 1. '재미있다' → _____ fun
2. 우정
3. '놀리다' → _____ fun of
4. 어린 시절

99

22 취미

Hobby

have a hobby
[hæv ə hábi] 해브 어 하비

표 취미를 갖다

Would you like to have an exciting hobby?
아주 재미난 취미를 가져 보고 싶니?

---

be fond of
[bi: fɑnd ɑv] 비 f펀드 어브

숙 ～을 좋아하다

I am very fond of fruits.
나는 과일을 무지 좋아해.

---

knitting
[nítiŋ] 니팅

명 뜨개질

My mom loves knitting.
우리 엄마는 뜨개질을 좋아하신다.

---

mountain climbing
[máuntən kláimiŋ]
마운튼 클라이밍

명 등산

Mountain climbing is very dangerous.
등산은 매우 위험하다.

---

dance
[dæns] 댄쓰

명 춤 동 춤추다

I am tired because of dancing lessons.
나는 춤 수업 때문에 피곤하다.

---

travel
[trǽvliŋ] 트래블

명 여행 동 여행하다

Traveling is always exciting.
여행은 항상 신난다.

---

fishing
[fíʃiŋ] f피슁

명 낚시

Fishing is allowed in this lake.
이 호수에서는 낚시가 허용되어 있다.

---

listen to music
[lísn tu: mjú:zik]
리쓴 투 뮤우직

표 음악 감상하다

Is listening to music fun?
음악 감상은 즐거운가요?

cycling
[sáikliŋ] 싸이클링

명 자전거 타기

Do you want to go cycling?
자전거 타러 갈래?

sailing
[séiliŋ] 쎄일링

명 항해

Sailing is a challenging hobby.
항해는 도전적인 취미다.

collecting stamps
[kəllektiŋ stæmps]
컬렉팅 스탬(프)스

명 우표 수집

My father has a hobby of collecting stamps.
우리 아버지는 우표 수집이 취미셔.

computer game
[kəmpjú:tər géim]
컴퓨우터r 게임

명 컴퓨터 게임

My brother never stops playing computer games.
내 동생은 컴퓨터 게임 하는 걸 결코 멈추지 않는다.

killing time
[kíliŋ táim] 킬링 타임

표 시간 보내기

Don't do killing time.
시간을 그냥 보내지 마라.

pastime
[pǽstàim] 패스타임

명 기분전환, 취미

What is your favorite pastime?
네가 좋아하는 취미는 뭐니?

기본 단어들도 다시 보자!

- ♣ hobby 취미
- ♣ reading 책 읽기
- ♣ painting 그림 그리기
- ♣ fun 재미난
- ♣ singing 노래 부르기

A 우리말로 뜻을 써 보세요.

① fishing

② mountain climbing

③ be fond of

④ knitting

⑤ pastime

⑥ cycling

⑦ travel

⑧ listen to music

⑨ sailing

⑩ have a hobby

B CD를 듣고 들려 주는 단어를 찾아 동그라미 하세요.　MP3 44

① a. computer games　b. collecting stamps　c. sailing

② a. killing time　b. knitting　c. pastime

③ a. cycling　b. traveling　c. listening to music

④ a. mountain climbing　b. cycling　c. have a hobby

⑤ a. pastime　b. fishing　c. collecting stamps

C 빈칸 앞 첫 글자를 힌트로 해서 문장을 완성하세요.

① My grandmother loves k　　　　　.
우리 할머니는 뜨개질을 좋아하신다.

② Are you f　　　　 o　　　　 bread?
너 빵 좋아하니?

③ My brother keeps playing c　　　　 g　　　　.
내 남동생은 계속 컴퓨터 게임을 한다.

④ What can be an expensive p　　　　　?
돈이 많이 드는 취미는 무엇일까요?

D CD를 듣고 알맞은 단어를 골라 영어 문장과 우리말 문장을 완성하세요. MP3 44

① I am very excited about going ______.
나는 ______ 가는 것에 아주 신나 있어.

② She doesn't ______ any ______.
그녀는 아무 ______가 없다.

③ Are you a mania of ______?
너는 ______에 열광하니?

④ Let's go ______.
______ 가자.

⑤ What do you do when you need to do ______?
______ 할 때는 뭐하니?

collecting stamps   cycling   have, hobby   killing time
fishing

E 힌트를 보고 빈칸에 알맞은 단어를 넣으세요.

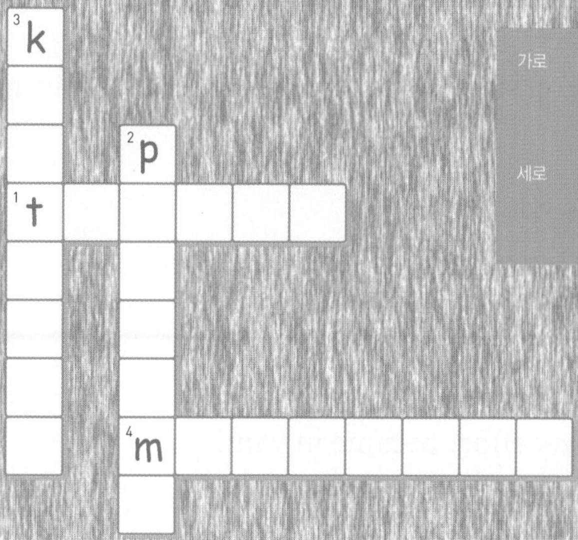

가로 1. 여행하기
2. 기호

세로 3. 뜨개질
4. 등산 → ______ climbing

23 방학

Vacation

vacation plan
[veikéiʃən plæn]
베이케이션 플랜

명 방학 계획
Do you have your vacation plan?
방학 계획이 있니?

summer vacation
[sʌ́mər veikéiʃən]
써머r 베이케이션

명 여름방학
Our summer vacation starts on Friday.
우리 여름방학은 금요일에 시작해.

winter vacation
[wíntər veikéiʃən]
윈터r 베이케이션

명 겨울방학
Let's go skiing during winter vacation.
겨울방학에 스키 타러 가자.

spring break
[spriŋ breik] 스프링 브레이크

명 봄방학
I did a lot of exercise during the spring break.
봄 방학 동안 많은 운동을 했다.

arrange a trip
[əréindʒ ə trip]
어레인쥐 어 트립

표 여행을 계획하다, 여행을 준비하다
My father arranged a trip to Africa.
우리 아빠는 아프리카 여행을 준비하셨다.

spend
[spend] 스펜드

동 (시간을) 보내다
You should spend more time with your mom.
너는 엄마와 더 많은 시간을 보내야 한다.

meaningful
[míːniŋfəl] 미이닝펄

형 의미 있는
He gave me a meaningful present.
그는 나에게 의미 있는 선물을 주었다.

in vain
[in vein] 인 베인

부 헛되이, 보람 없이
My effort became in vain.
나의 노력은 보람 없게 되었다.

vacation homework
[veikéiʃən hóumwə̀ːrk]
베이케이션 호움워어ㄹ크

[명] 방학숙제

A teacher gave a lot of vacation homework to the students.
선생님이 학생들에게 많은 숙제를 내주셨다.

be satisfied with
[bi sǽtisfàid wið]
비 쌔티스ㅍ파이드 위드

[숙] ~에 만족하다

Are you satisfied with your test result?
네 시험 결과에 만족하니?

schedule
[skédʒu(ː)l]스케줄

[명] 일정, 스케줄

Tell me your schedule on Monday.
네 월요일 스케줄을 말해다오.

on vacation
[ɑn veikéiʃən]언 베이케이션

[부] 휴가로

We are on vacation.
우리는 휴가 중이다.

be excited about
[bi iksáitid əbáut]
비 익싸이티드 어바웃

[표] ~에 흥분하다, 들뜨다

What are you excited about?
너 뭣 때문에 흥분한 거니?

take a vacation
[teik ə veikéiʃən]
테이크 어 베이케이션

[표] 휴가를 얻다, 휴가를 갖다

I need to take a vacation.
나 휴가 좀 가져야겠어.

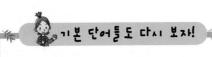

기본 단어들도 다시 보자!

- ♣ vacation 방학
- ♣ pleasant time 즐거운 시간
- ♣ plan 계획하다
- ♣ family 가족

A 우리말로 뜻을 써 보세요.

① in vain

② be excited about

③ summer vacation

④ on vacation

⑤ spend

⑥ meaningful

⑦ vacation homework

⑧ schedule

⑨ arrange a trip

⑩ vacation plan

B CD를 듣고 들려 주는 단어를 찾아 동그라미 하세요.　MP3 46

① **a.** be satisfied with　**b.** winter vacation　**c.** spend

② **a.** on vacation　**b.** spring break　**c.** be excited about

③ **a.** in vain　**b.** summer vacation　**c.** take a vacation

④ **a.** vacation plan　**b.** schedule　**c.** arrange a trip

⑤ **a.** winter vacation　**b.** spring break　**c.** be satisfied with

C 빈칸 앞 첫 글자를 힌트로 해서 문장을 완성하세요.

① Everything were all i ⎯⎯ v ⎯⎯ .
모든 것이 보람 없이 되었다.

② When is your w ⎯⎯ v ⎯⎯ ?
네 겨울 방학이 언제니?

③ What is your v ⎯⎯ p ⎯⎯ ?
너는 방학 계획이 뭐니?

④ There are a lot of m ⎯⎯ songs.
의미 있는 노래가 많아.

D CD를 듣고 알맞은 단어를 골라 영어 문장과 우리말 문장을 완성하세요. MP3 46

① Where are you going _____ ?

　　_____ 어딜 갈 거니?

② Did you finish with your _____ yet?

　　너 벌써 _____ 끝냈니?

③ My mom often _____ .

　　우리 엄마는 종종 _____ .

④ A baby is always _____ toys.

　　아가는 항상 장난감에 _____ .

⑤ We are discussing the _____ .

　　우리는 _____ 에 대해서 이야기하고 있다.

| vacation plan | arranges a family trip | on vacation |
| excited about | vacation homework | |

E 힌트를 보고 알파벳을 따라가면서 알맞은 단어를 찾아 동그라미 하세요.

① WJEKTOQKEOTPSLELSESCHEDULEGQKEOTPAKR

② QKEITOQPTLXLFMVKALTPSPENDPQLEOTPAKXIR

③ QKEOTPWLEITMEANINGFULQWKQWKRLQKXSLR

④ DKAMFKQLKEOTQKEWIROPBREAKQKEIROSTGU

힌트　1. 일정, 스케줄　2. (시간을) 보내다
　　　3. 의미있는　4. '봄방학' → spring _____

107

24 체육대회

Athletics Meet

MP3 47

---

sports day
[spɔ́ːrts dei] 스포어rㅊ 데이

명 운동회

I got many prizes at the sports day.
나는 운동회에서 많은 상을 받았다.

---

annual
[ǽnjuəl] 애뉴얼

형 1년의, 해마다

What is your family's annual event?
당신 가족의 연례행사는 무엇인가요?

---

athletic
[æθlétik] 애뜰레틱

형 운동의, 체육의

Are you interested in an athletic club?
너는 체육 클럽에 관심 있니?

---

competition
[kàmpətíʃən] 컴퍼티션

명 경쟁, 겨루기

The competition was very strong this year.
올해는 경쟁이 정말 치열했다.

---

race
[reis] r레이스

명 경주, 레이스

I finally won the race.
마침내 내가 경주에서 이겼다.

---

prize
[praiz] 프라이즈

명 상, 상금

My brother won the first prize.
우리 오빠가 일등상을 탔다.

---

team spirit
[tiːm spírit] 티임 스피릿

명 협동정신

They have a very strong team spirit.
그들은 매우 강한 협동정신을 가지고 있다.

---

runner
[rʌ́nər] 러너r

명 주자, 달리는 사람

I am the fastest runner in my school.
나는 우리 학교에서 가장 빠른 주자다.

at full speed
[æt fúl spiːd] 엣 f풀 스피이드

부 전속력으로

I drove my car at full speed.
나는 차를 전속력으로 운전했다.

postpone
[poustpóun] 포우스트포운

동 미루다, 연기하다

Would you postpone the lesson until next Tuesday?
수업을 다음주 화요일까지 미룰 수 있을까요?

rival
[ráivəl] r라이벌

명 경쟁자, 라이벌

Who is your strong rival?
누가 너의 강한 경쟁자니?

relay
[ríːlei] r리일레이

명 릴레이 경주

Are you a runner in a relay team?
너는 릴레이 주자니?

tug of war
[tʌg ɑv wɔːr] 터그 어브 워어r

명 줄다리기

They are doing a tug of war.
그들은 줄다리기를 하고 있다.

outdoor sports
[áutdɔ̀ːr spɔːrts]
아웃도어r 스포어r츠

명 야외 스포츠

What are the outdoor sports?
야외 스포츠는 무엇인가요?

MP3 47

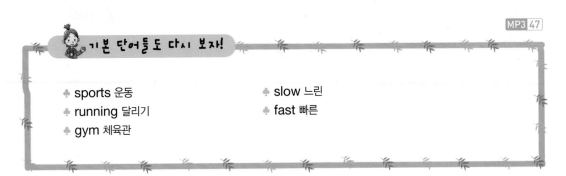

기본 단어들도 다시 보자!

- ♣ sports 운동
- ♦ running 달리기
- ♣ gym 체육관
- ♠ slow 느린
- ♠ fast 빠른

A 우리말로 뜻을 써 보세요.

① postpone _____ ② tug of war _____

③ athletic _____ ④ team spirit _____

⑤ relay _____ ⑥ sports day _____

⑦ at full speed _____ ⑧ race _____

⑨ competition _____ ⑩ prize _____

B CD를 듣고 들려 주는 단어를 찾아 동그라미 하세요.

MP3 48

① a. annual   b. athletic   c. race

② a. runner   b. prize   c. postpone

③ a. at full speed   b. relay   c. competition

④ a. tug of war   b. sports day   c. team spirit

⑤ a. prize   b. race   c. rival

C 빈칸 앞 첫 글자를 힌트로 해서 문장을 완성하세요.

① There is no r_____ in my classroom.
우리 반에는 경쟁자가 없어.

② This r_____ was too difficult to win.
이번 경주는 이기기에는 너무 어려웠어.

③ I p_____ the party until next month.
나는 파티를 다음 달까지 미뤘어.

④ Tom is the great r_____.
톰은 훌륭한 주자야.

D CD를 듣고 알맞은 단어를 골라 영어 문장과 우리말 문장을 완성하세요.　MP3 48

① I ran a race _____.

　　나는 경기에서 _____ 달렸다.

② The _____ will be over next Sunday.

　　그 _____이 다음 일요일에 끝날 것이다.

③ My family holds an _____ party in December.

　　우리 가족은 12월에 _____ 파티를 연다.

④ Did you do a _____ yesterday?

　　어제 _____ 했니?

⑤ The coach taught them a _____.

　　코치는 그들에게 _____을 가르쳤다.

> team spirit　competition　annual　at full speed　tug of war

E 힌트를 보고 알맞은 단어를 찾아서 동그라미 하세요.

f	d	a	t	h	l	e	t	i	c
r	y	n	f	j	u	w	r	t	u
j	m	r	h	y	o	p	e	c	g
j	p	o	s	t	p	o	n	e	l
m	z	d	v	g	r	h	r	y	u
k	i	e	v	g	i	j	m	k	p
q	e	t	g	y	z	u	n	d	h
r	i	v	a	l	e	f	b	h	n

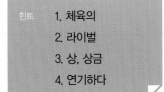

힌트
1. 체육의
2. 라이벌
3. 상, 상금
4. 연기하다

25  소풍 및 견학

Field Trip

school trip
[sku:l trip] 스쿨 트립

뗑 수학여행

When is your school trip?
너희 수학여행이 언제니?

---

backpack
[bǽkpæk] 백팩

뗑 가방, 배낭

Where did you put your backpack?
네 가방 어디에 두었니?

---

enjoy
[endʒɔ́i] 엔죠이

동 즐기다

Let's enjoy the movie.
영화를 즐기자꾸나.

---

look forward to
[luk fɔ́ːrwərd tuː]
룩 f퍼워r드 투

쑥 ~을 몹시 기대하다

I am really looking forward to going on a picnic.
나는 소풍 가는 것이 너무 기대된다.

---

pack a lunch
[pæk ə lʌ́ntʃ] 팩 어 런치

표 점심을 싸다

Did your mom pack a lunch for you?
네 엄마가 점심 싸 주셨니?

---

field trip
[fiːld trip] f피일드 트립

뗑 견학

Where did you go for your field trip last semester?
지난 학기에 견학은 어디로 다녀왔니?

---

weather
[wéðər] 웨더r

뗑 날씨, 기후

The weather became severe.
날씨가 점점 나빠졌다.

---

unforgettable
[ʌ̀nfərgétəbəl] 언퍼r게터블

형 잊을 수 없는

That was an unforgettable moment.
그건 잊을 수 없는 순간이었다.

event
[ivént] 이벤트

명 행사, 사건

That is a very interesting event.
그것은 아주 흥미로운 사건이다.

go on a picnic
[gou ɑn ə píknik]
고우 언 어 피크닉

표 소풍 가다

Let's go on a picnic this Sunday.
이번 일요일에 소풍 가자.

worry about
[wʌ́ri əbáut] 워리 어바웃

숙 ~을 걱정하다

Don't worry about anything.
아무것도 걱정하지 마라.

fortunate
[fɔ́ːrtʃənət] f퍼r천넛

형 운이 좋은, 행운의

You are a very fortunate person.
넌 정말 행운아로구나.

excursion
[ikskə́ːrʒən] 익스커어r전

명 짧은 여행, 소풍

How often does your school go on an excursion?
너희 학교는 얼마나 자주 소풍을 가니?

picnic spot
[píknik spɑt] 피크닉 스팟

명 소풍 장소

It is hard to find a good picnic spot.
좋은 소풍 장소를 찾기가 어렵다.

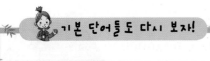 기본 단어들도 다시 보자!

MP3 49

- ♠ experience 경험하다, 경험
- ♣ come back home 집으로 돌아오다
- ♣ by bus 버스로
- ♣ drinks 음료수
- ♣ play games 게임을 하다

실 력 이 쑥 쑥 올 라 가 는 확 인 테 스 트

A 우리말로 뜻을 써 보세요.

① backpack   ② field trip

③ fortunate   ④ go on a picnic

⑤ event   ⑥ picnic spot

⑦ look forward to   ⑧ weather

⑨ pack a lunch   ⑩ excursion

B CD를 듣고 들려 주는 단어를 찾아 동그라미 하세요.

MP3 50

① a. enjoy   b. backpack   c. unforgettable

② a. school trip   b. worry about   c. go on a picnic

③ a. fortunate   b. picnic spot   c. field trip

④ a. event   b. weather   c. excursion

⑤ a. look forward to   b. enjoy   c. school trip

C 빈칸 앞 첫 글자를 힌트로 해서 문장을 완성하세요.

① Why is your b   so full?
왜 네 배낭이 꽉 찬 거니?

② Where will we go on an e   this year?
올해는 어디로 소풍 갈까?

③ Students always l   f   to having lunch.
학생들은 항상 점심 먹는 걸 고대한다.

④ How's the w   outside?
바깥 날씨가 어떠니?

114

D CD를 듣고 알맞은 단어를 골라 영어 문장과 우리말 문장을 완성하세요.　MP3 50

① You are very ▭ to have a pet.

　애완동물을 가지고 있다니 정말 _____.

② Did you ▭ your vacation?

　방학을 _____?

③ We went on a ▭ to the museum.

　우리는 박물관으로 _____을 갔다.

④ What ▭ do you have in this month?

　이번 달에는 무슨 _____가 있니?

⑤ Isn't this birthday party ▭?

　이 생일 파티는 _____ 않니?

　　event　　unforgettable　　field trip　　fortunate　　enjoy

E 힌트를 보고 빈칸에 알맞은 단어를 넣으세요.

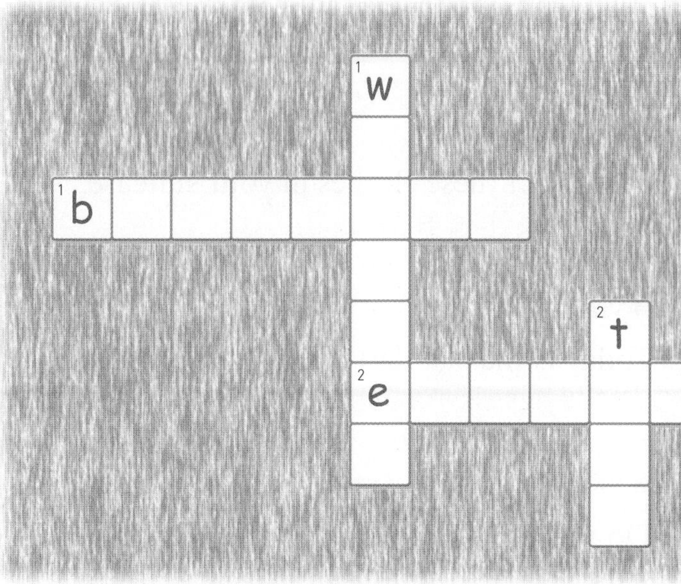

가로	
1. 배낭	2. 소풍

세로
1. 날씨
2. '견학' → field _____

(crossword with ¹w, ¹b, ²t, ²e)

26 여행

Travel

tour
[tuər] 투어r

명 관광여행

My grandfather went on a tour to Mexico.
우리 할아버지는 멕시코로 관광여행을 가셨다.

escape from
[iskéip frʌm]
이스케잎 f프r럼

숙 ~에서 벗어나다

Every student wants to escape from school during the vacation.
학생들은 모두 방학 동안 학교에서 벗어나길 원한다.

culture
[kʌ́ltʃər] 컬쳐r

명 문화

A language is a part of culture.
언어는 문화의 일부다.

luggage
[lʌ́gidʒ] 러기쥐

명 여행가방, 짐

How big is your luggage?
네 여행가방이 얼마나 크니?

take a trip
[teik ə trip] 테이크 어 트립

표 여행가다

Who wants to take a trip with me this winter?
이번 겨울에 나랑 여행 갈 사람 있니?

suitcase
[súːtkèis] 수웃케이스

명 여행가방

Please put these clothes in your suitcase.
이 옷들 좀 네 가방에 넣어줘.

journey
[dʒə́ːrni] 져어r니

명 여행

Today is the last day of our journey.
오늘이 우리 여행의 마지막 날이다.

reservation
[rèzərvéiʃən] r레저r베이션

명 예약

Do you have a reservation for your hotel?
너 호텔 예약했니?

passport
[pǽspɔ̀ːrt] 패스포어트

명 여권

You have to show your passport to the man.
너는 여권을 그 남자한테 보여줘야 해.

memorable
[mémərəbəl] 메머러블

형 잊지 못할, 기억할 만한

The concert was so memorable.
그 콘서트는 매우 인상적이었다.

tourist
[túərist] 투어리스트

명 관광객, 여행자

Where are the tourists heading?
관광객들이 어디로 가는 건가요?

sightseeing
[sáitsìːiŋ] 싸잇씨잉

명 관광, 유람

LA is the best place for sightseeing.
LA는 관광하기에 가장 좋은 곳이다.

souvenir
[sùːvəníər] 쑤우버니어r

명 기념품

I got a souvenir from my friend.
나는 친구로부터 기념품을 받았다.

airport
[ɛ́ərpɔːrt] 에어포어트

명 공항

I will meet you at the airport.
내가 공항으로 널 마중나갈게.

MP3 51

기본 단어들도 다시 보자!

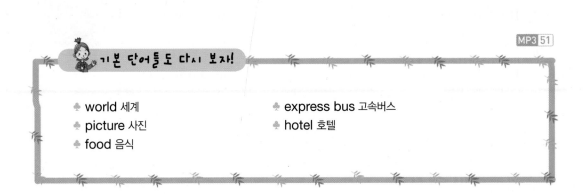

- ♣ world 세계
- ♣ picture 사진
- ♣ food 음식
- ♣ express bus 고속버스
- ♣ hotel 호텔

A 우리말로 뜻을 써 보세요.

① suitcase　　　　　　　　② souvenir

③ take a trip　　　　　　　④ journey

⑤ passport　　　　　　　⑥ culture

⑦ sightseeing　　　　　　⑧ airport

⑨ memorable　　　　　　⑩ escape from

B CD를 듣고 들려 주는 단어를 찾아 동그라미 하세요.　　　　　MP3 52

① **a.** reservation　　　**b.** tourist　　　**c.** souvenir

② **a.** escape from　　　**b.** memorable　　**c.** suitcase

③ **a.** take a trip　　　**b.** passport　　　**c.** luggage

④ **a.** culture　　　　　**b.** tour　　　　　**c.** sightseeing

⑤ **a.** airport　　　　　**b.** souvenir　　　**c.** reservation

C 빈칸 앞 첫 글자를 힌트로 해서 문장을 완성하세요.

① The tourists don't have many s　　　　.
　그 여행객들은 여행가방이 많지 않다.

② It is very exciting to t　　　　 a t　　　　 with friends.
　친구들과 여행을 가는 건 매우 신나는 일이다.

③ I saw a famous musician on my t　　　　 in America.
　나는 미국 관광여행 도중에 유명한 음악가를 보았다.

④ My mom made a r　　　　　 for a flight.
　엄마가 비행기 예약을 하셨다.

D CD를 듣고 알맞은 단어를 골라 영어 문장과 우리말 문장을 완성하세요. MP3 52

① Do you want to ⬚⬚⬚⬚⬚ your work?

네 공부에서 _____ 싶니?

② I hope you have a wonderful ⬚⬚⬚⬚⬚ .

나는 네가 멋진 _____을 하길 바란다.

③ The ⬚⬚⬚⬚ were entering a Korean restaurant.

_____이 한국 음식점에 들어가고 있었다.

④ May I see your ⬚⬚⬚⬚ ?

_____ 좀 보여주시겠어요?

⑤ There are various ⬚⬚⬚⬚ in the world.

세계에는 다양한 _____이 있다.

| journey | tourists | escape from | cultures | passport |

E 힌트를 보고 알파벳을 따라가면서 알맞은 단어를 찾아 동그라미 하세요.

① SDGKWIOEOTPWLKJSLKJDFPASSPORTGWKELTP

② SKELTKJLKJSOUVENIRWIEOTKPOKWQEPRTKQT

③ WLEKTJLKWJETLKAJSLGKJLUGGAGETWLEKJTL

④ WOEITSLKDFJXLKCVPWOETRESERVATIONEELTO

| 힌트 | 1. 여권 | 2. 기념품 |
| | 3. 여행가방 | 4. 예약 |

119

 27 생일 파티

Birthday Party

have a birthday party
[hæv ə bə́:rθdèi pá:rti]
해브 어 버어r뜨데이 파아r티

표 생일 파티를 열다

I will have my birthday party today.
오늘 내 생일 파티가 있을 거야.

be born in
[bi: bɔ:rn in] 비 보언 인

표 ~에서 태어나다

I was born in Seoul, Korea.
나는 대한민국 서울시에서 태어났다.

remember
[rimémbər] 리멤버r

동 기억하다

Do you remember my birthday party last year?
작년에 내 생일 파티 기억나니?

birthday cake
[bə́:rθdèi keik]
버어r뜨데이 케익

명 생일 케이크

My mom made a birthday cake for me.
엄마는 나를 위해 생일 케이크를 만들어 주셨다.

birthday present
[bə́:rθdèi prézənt]
버어r뜨데이 프r레즌트

명 생일선물

I want an MP3 for my birthday present.
나는 생일선물로 MP3를 갖고 싶다.

receive
[risí:v] 리씨이브

동 받다

Did you receive my e-mail?
내 이메일 받았니?

celebrate
[séləbrèit] 쎌러브r레잇

동 축하하다, 기념하다

We will celebrate Korean Thanksgiving today.
오늘 추석을 기념할 것이다.

date of birth
[deit ɑv bə:rθ]
데잇 어브 버어r뜨

명 생년월일

What is your date of birth?
네 생년월일은 어떻게 되니?

make a wish
[meik ə wiʃ] 메익 어 위쉬

표 소원을 빌다

Do you want to make a wish?
소원 빌고 싶니?

decorate
[dékərèit] 데커레잇

동 꾸미다, 장식하다

The wood was used to decorate the wall.
벽을 장식하는 데 그 나무가 사용되었다.

candle
[kǽndl] 캔들

명 양초

Would you light a candle for me?
나를 위해서 양초에 불을 붙여 줄래?

blow out
[blou aut] 블로우 아웃

숙 불어서 끄다

He blew out the candles on a cake.
그는 케이크 위의 초들을 불어서 껐다.

gift
[gift] 기프트

명 선물

I wrapped the gift for my friend.
내 친구 선물을 포장했다.

invite
[inváit] 인바이트

동 초대하다

How many classmates did you invite?
반 아이들을 몇 명이나 초대했니?

MP3 53

기본 단어들도 다시 보자!

- ♣ birthday 생일
- ♣ party 파티
- ♣ happy 행복한
- ♣ balloon 풍선
- ♣ colorful 알록달록한

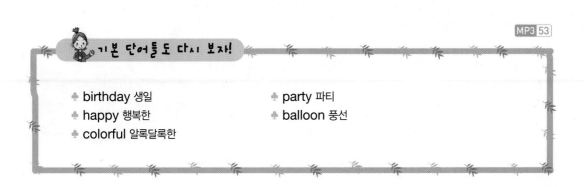

A 우리말로 뜻을 써 보세요.

① candle

② be born in

③ make a wish

④ celebrate

⑤ blow out

⑥ birthday present

⑦ remember

⑧ invite

⑨ receive

⑩ date of birth

B CD를 듣고 들려 주는 단어를 찾아 동그라미 하세요.　MP3 54

① a. blow out　　b. celebrate　　c. make a wish

② a. candle　　b. gift　　c. receive

③ a. date of birth　　b. decorate　　c. birthday present

④ a. birthday cake　　b. be born in　　c. have a birthday party

⑤ a. receive　　b. blow out　　c. candle

C 빈칸 앞 첫 글자를 힌트로 해서 문장을 완성하세요.

① When will you h＿＿＿＿ your b＿＿＿＿ p＿＿＿＿?
너는 언제 생일 파티를 열거니?

② I r＿＿＿＿ an invitation from my classmate.
나는 반 친구한테서 초대장을 받았다.

③ Let's b＿＿＿ o＿＿＿ the candle together.
촛불을 같이 끄자꾸나.

④ I was very happy to be i＿＿＿＿.
초대 받아서 너무 기뻤어.

D CD를 듣고 알맞은 단어를 골라 영어 문장과 우리말 문장을 완성하세요. MP3 54

① When I see the moon, I ▢▢▢▢▢▢ .

나는 달을 보면 _____.

② I can't ▢▢▢▢▢▢ her address exactly.

나는 그녀의 주소를 정확히 _____ 못하겠어.

③ I have lots of ▢▢▢▢▢▢ for the Christmas party.

나는 크리스마스 파티를 위한 _____가 많이 있다.

④ Did he ▢▢▢▢▢▢ the letters from his friends?

그는 친구들에게서 편지들을 _____?

⑤ My grandmother bought a big ▢▢▢▢▢▢ for me.

할머니는 나를 위해서 큰 _____를 사주셨다.

receive   make a wish   remember   birthday cake   candles

E 힌트를 보고 알맞은 단어를 찾아서 동그라미 하세요.

t	g	c	j	u	p	q	d	e	t
y	g	e	m	a	d	v	r	b	p
q	e	l	e	n	d	k	i	l	a
p	r	e	s	e	n	t	w	o	g
t	i	b	l	a	s	f	b	w	n
j	m	r	t	y	h	b	g	j	k
i	o	a	s	d	r	t	g	i	j
r	g	t	r	i	n	v	i	t	e
v	g	e	f	h	g	n	y	u	i

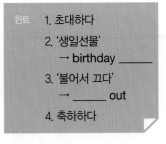

힌트 1. 초대하다
2. '생일선물'
   → birthday _____
3. '불어서 끄다'
   → _____ out
4. 축하하다

셋째 마당

하루 일과에서 늘 쓰는 표현들

28 하루 일과

Daily Routine

MP3 55

in the morning
[in ðə mɔ́ːrniŋ]인 더 모어닝

甼 아침에

I drink some milk in the morning.
나는 아침에 우유를 마신다.

---

all day long
[ɔːl dei lɔːŋ]올 데이 롱

甼 하루 종일

I listen to music all day long.
나는 하루 종일 음악을 들어.

---

wake up
[weik ʌp]웨이크 업

熟 일어나다

Wake up! It's 8 o'clock.
일어나라! 8시다.

---

get up
[get ʌp]겟 업

熟 일어나다

What time did you get up?
너는 몇 시에 일어났니?

---

at dawn
[æt dɔːn]앳 더언

甼 새벽에

The baby started crying at dawn.
아기가 새벽에 울기 시작했다.

---

take a shower
[teik ə ʃáuər]테이크 어 샤우어r

표 샤워하다

You'd better take a shower.
너 샤워하는 게 좋겠다.

---

lunch break
[lʌntʃ breik]런치 브레익

명 점심시간

We played soccer after lunch break.
우리는 점심시간 후에 축구를 했다.

---

brush teeth
[brʌʃ tiːθ]브러쉬 티잇

표 이를 닦다

You have to brush your teeth 3 times a day.
하루에 3번씩 이를 닦아야 한다.

oversleep
[ðuvərslíːp] 오우벼슬리입
동 늦잠자다

Why did he oversleep?
그는 왜 늦잠 잔 거니?

take off
[teik ɔːf] 테이크 어프
숙 벗다

Please take off your shoes.
신발을 벗어 주세요.

keep a diary
[kiːp ə dáiəri] 킾 어 다이어리
표 일기를 쓰다

She never forgets to keep a diary.
그녀는 일기 쓰는 걸 절대 잊지 않는다.

have a bath
[hæv ə bæθ] 해브 어 뱃
표 목욕하다

Did you have a bath last night?
어젯밤에 목욕했니?

go to bed
[gou tuː bed] 고우 투 벧
표 잠자리에 들다

I went to bed early because I was tired.
나는 피곤해서 일찍 잤다.

set the alarm
[set ði əlάːrm] 쎗 디 얼라암
표 알람을 맞추다

My father usually sets the alarm at 6 o'clock.
우리 아빠는 보통 6시에 알람을 맞추신다.

 기본 단어들도 다시 보자!

MP3 55

- ♠ sleep 자다
- ♠ nap 졸다
- ♠ wash 씻다
- ♣ eat 먹다
- ♣ wear 입다
- ♣ watch TV 텔레비전 보다

A 우리말로 뜻을 써 보세요.

① keep a diary _____ ② get up _____

③ brush teeth _____ ④ oversleep _____

⑤ lunch break _____ ⑥ take off _____

⑦ all day long _____ ⑧ set the alarm _____

⑨ at dawn _____ ⑩ go to bed _____

B CD를 듣고 들려 주는 단어를 찾아 동그라미 하세요.　　　　　MP3 56

① a. wake up　　　b. lunch break　　　c. oversleep

② a. take off　　　b. in the morning　　　c. take a shower

③ a. get up　　　b. keep a diary　　　c. brush teeth

④ a. go to bed　　　b. have a bath　　　c. all day long

⑤ a. take a shower　　　b. take off　　　c. set the alarm

C 빈칸 앞 첫 글자를 힌트로 해서 문장을 완성하세요.

① I enjoy k_____ a d_____.
나는 일기 쓰는 걸 즐긴다.

② What time do you go to school i_____ t_____ m_____?
너 아침에 학교 몇 시에 가니?

③ Aren't you going to t_____ a s_____?
샤워하지 않을 거니?

④ We love to have a l_____ b_____.
우리는 점심시간 갖는 걸 좋아한다.

128

D CD를 듣고 알맞은 단어를 골라 영어 문장과 우리말 문장을 완성하세요. MP3 56

① You'd better _____ at 7:30.
너는 7시 30분에 _____ 게 좋겠다.

② My sister loves not to take a shower but to _____.
내 동생은 샤워하는 것보다 _____ 걸 좋아한다.

③ I slept _____ on Sunday.
나는 일요일에 _____ 잠을 잤다.

④ My grandfather goes jogging _____.
우리 할아버지는 _____ 조깅을 가신다.

⑤ Don't _____, or you will be late for school.
_____ 마라. 아니면 너 학교에 늦을지도 모른다.

| all day long | get up | have a bath | oversleep | at dawn |

E 힌트를 보고 빈칸에 알맞은 단어를 넣으세요.

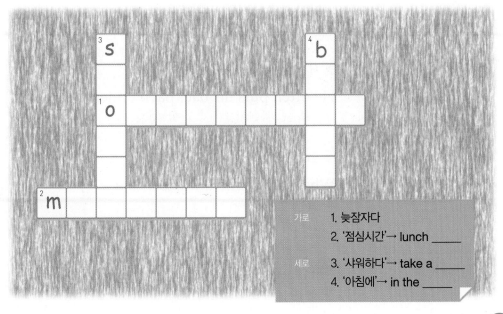

가로   1. 늦잠자다
       2. '점심시간' → lunch _____

세로   3. '샤워하다' → take a _____
       4. '아침에' → in the _____

129

29 내 물건들

My Things

cell phone

[sel foun] 쎌 f포운

명 핸드폰

I got a cell phone for my birthday present.
나는 생일 선물로 핸드폰을 받았다.

CD player

[si: di: pléiər]
씨이디이 플레이어r

명 CD 플레이어

My uncle bought a new CD player.
삼촌은 새 CD 플레이어를 샀다.

MP3

[empiθri] 엠피뜨리

명 엠피3

Do you have your own MP3?
너 MP3 있니?

notebook computer

[nóutbùk kəmpjú:tər]
노웃북 컴퓨우터r

명 노트북 컴퓨터

I borrowed a notebook computer from my classmate.
나는 우리 반 친구에게서 노트북 컴퓨터를 빌렸다.

stapler

[stéiplə:r] 스테이플러r

명 스테이플러

Can I use your stapler?
네 스테이플러 좀 써도 되니?

clock

[klɑk] 클럭

명 시계

He often puts his backpack under the clock.
그는 종종 그의 배낭을 시계 밑에 놓는다.

wastebasket

[wéistbæskit] 웨이스트배스킷

명 쓰레기통

Where can I find a wastebasket?
휴지통이 어디 있나요?

monitor

[mɑnitər] 머니터r

명 모니터

This monitor doesn't work well.
이 모니터가 잘 작동을 안 한다.

cushion
[kúʃən] 쿠션

명 쿠션

There are small cushions on the armchair.
안락의자에 작은 쿠션들이 있다.

glasses
[glǽsiːz] 글래씨즈

명 안경

My grandmother can't see without glasses.
우리 할머니는 안경 없이는 못 보신다.

slippers
[slípərz] 슬리퍼즈

명 슬리퍼

I bought a pair of slippers yesterday.
어제 슬리퍼 한 켤레를 샀다.

frame
[freim] f프레임

명 액자

The frames are made of glass.
그 액자들은 유리로 만들어졌어.

calculator
[kǽlkjəlèitər] 캘컬레이터r

명 계산기

I use a calculator when I do my math homework.
나는 수학 숙제를 할 때 계산기를 사용한다.

wallet
[wɔ́lit] 월릿

명 지갑

How much money is in your wallet?
네 지갑에 돈이 얼마나 있니?

 기본 단어들도 다시 보자!

MP3 57

- ♣ comb 빗
- ♣ book 책
- ♣ notebook 공책
- ♣ watch 손목시계
- ♣ ruler 자
- ♣ pencil case 필통

A 우리말로 뜻을 써 보세요.

① clock   ② glasses

③ stapler   ④ calculator

⑤ monitor   ⑥ wallet

⑦ CD player   ⑧ frame

⑨ cushion   ⑩ cell phone

B CD를 듣고 들려 주는 단어를 찾아 동그라미 하세요.   MP3 58

① a. glasses   b. wastebasket   c. cell phone

② a. stapler   b. MP3   c. slippers

③ a. frame   b. stapler   c. monitor

④ a. clock   b. notebook computer c. calculator

⑤ a. cushion   b. wallet   c. frame

C 빈칸 앞 첫 글자를 힌트로 해서 문장을 완성하세요.

① You have a new c   p   .
   너 새로운 핸드폰을 가지고 있구나.

② A w   is in front of the piano.
   휴지통이 피아노 앞에 있다.

③ My mom bought a circle c   for me.
   엄마는 동그란 쿠션을 나에게 사주셨다.

④ He broke the f   on the desk.
   그는 책상 위에 있는 액자를 깨뜨렸다.

D CD를 듣고 알맞은 단어를 골라 영어 문장과 우리말 문장을 완성하세요. `MP3 58`

① Why don't you use a ▢▢▢▢▢▢ in your room?

네 방에 있는 _____을 사용하는 게 어떠니?

② The ▢▢▢▢▢▢ is always on.

그 _____는 항상 켜져 있구나.

③ I really want to have an ▢▢▢▢▢▢ for the Christmas present.

나는 크리스마스 선물로 _____를 받고 싶어.

④ You need a new ▢▢▢▢▢▢ because the old one is broken.

오래된 _____가 고장났으니 새 것이 필요하구나.

⑤ Do you know how to turn on the ▢▢▢▢▢▢?

너 _____ 어떻게 켜는지 아니?

> monitor   cell phone   MP3   CD player   notebook computer

E 힌트를 보고 알파벳을 따라가면서 알맞은 단어를 찾아 동그라미 하세요.

① SSMERJWKJERJKTWLKEJTFRAMERWKELTOWQP

② WLKELSLIPPERSKELSKDJGAOPWEJTLWELRKTJ

③ WLKEJRPOIQJWRKNXZMNCALCULATORAKJHAT

④ WLKEJTOKYEJTKSPDKXZLGLASSESGEEKROQPW

힌트	1. 액자	2. 슬리퍼
	3. 계산기	4. 안경

30 옷

Clothes

put on clothes
[put ɔn klouðz]
풋 언 클로우즈

표 옷을 입다

She put on some warm clothes because of the cold weather.
그녀는 추운 날씨 때문에 따뜻한 옷을 입었다.

pajamas
[pədʒάːməz] 퍼자아머스

명 잠옷

The girls put on their pajamas when they slept.
그 여자아이들은 잘 때 잠옷을 입었다.

jacket
[dʒǽkit] 재킷

명 재킷

I bought a red jacket today.
나는 오늘 빨간 재킷 하나를 샀다.

sweater
[swétər] 스웨터

명 스웨터

Whose sweater is this?
이거 누구 스웨터니?

underwear
[ʌndərwɛ̀ər] 언더r웨어r

명 속옷

These are all underwear for women.
이것들은 모두 여자 속옷이에요.

jumper
[dʒʌ́mpər] 점퍼r

명 잠바, 점퍼

When do you wear your jumper?
넌 언제 잠바를 입니?

shorts
[ʃɔːrtz] 쇼어r츠

명 반바지

You cannot wear shorts in this restaurant.
이 음식점에서는 반바지를 입을 수 없어.

turtleneck
[tə́ːrtlnèk] 터어r틀넥

명 터틀넥 스웨터

I definitely need turtlenecks for cold weather.
나는 추운 날씨를 대비해 터틀넥 스웨터가 꼭 필요해.

fashion
[fǽʃən] 패션

명 패션

A little girl wants to be a fashion designer.
그 어린 소녀는 패션 디자이너가 되고 싶어 한다.

go with
[gou wið] 고우 위드

숙 ~과 어울리다

Your tie goes well with your suit.
넥타이가 양복하고 잘 어울리네요.

tuxedo
[tʌksíːdou] 턱씨이도우

명 턱시도

The actor is wearing a very nice tuxedo.
그 영화배우는 아주 멋진 턱시도를 입고 있구나.

suit
[suːt] 수웃

명 양복

Your brown suit looks very sad.
네 밤색 양복은 좀 없어 보이는구나.

cotton
[kátn] 카튼

명 면

The T-shirt is made of cotton.
그 티셔츠는 면으로 만들어졌어.

cardigan
[káːrdigən] 카아디건

명 카디건

An old woman was knitting a cardigan for her grandchildren.
나이 든 노파가 손자, 손녀를 위해서 카디건을 뜨고 계셨다.

 기본 단어들도 다시 보자!

MP3 59

- ♣ dress 드레스, 원피스
- ♣ jeans 청바지
- ♣ belt 벨트
- ♣ blouse 블라우스
- ♣ socks 양말
- ♣ pants 바지
- ♣ coat 코트

A 우리말로 뜻을 써 보세요.

① go with ⬚⬚⬚⬚⬚ ② jacket ⬚⬚⬚⬚⬚

③ turtleneck ⬚⬚⬚⬚⬚ ④ cotton ⬚⬚⬚⬚⬚

⑤ put on clothes ⬚⬚⬚⬚⬚ ⑥ underwear ⬚⬚⬚⬚⬚

⑦ pajamas ⬚⬚⬚⬚⬚ ⑧ tuxedo ⬚⬚⬚⬚⬚

⑨ shorts ⬚⬚⬚⬚⬚ ⑩ sweater ⬚⬚⬚⬚⬚

B CD를 듣고 들려 주는 단어를 찾아 동그라미 하세요.   `MP3 60`

① a. cardigan   b. jacket   c. cotton

② a. jumper   b. suit   c. shorts

③ a. turtleneck   b. go with   c. underwear

④ a. tuxedo   b. fashion   c. pajamas

⑤ a. shorts   b. jacket   c. turtleneck

C 빈칸 앞 첫 글자를 힌트로 해서 문장을 완성하세요.

① The j⬚⬚⬚⬚ just looks like mine.
그 재킷이 내 것과 정말 비슷해.

② It is a bad idea to wear s⬚⬚⬚⬚ in this weather.
이 날씨에 반바지를 입는 건 좋은 생각이 아니야.

③ Do you have a t⬚⬚⬚⬚ in your closet?
옷장에 턱시도가 있니?

④ I want to have a blue c⬚⬚⬚⬚.
파란색 카디건을 가지고 싶다.

D CD를 듣고 알맞은 단어를 골라 영어 문장과 우리말 문장을 완성하세요.　　MP3 60

① Is it really comfortable to wear ＿＿＿＿＿＿＿ ?

＿＿＿＿＿＿ 입는 게 편하니?

② I have some socks which ＿＿＿＿＿＿ the new shoes.

신발과 ＿＿＿＿＿ 양말을 가지고 있어.

③ Tom is wearing a ＿＿＿＿＿＿ for his work.

톰은 직장에 가기 위해서 ＿＿＿＿＿을 입고 있다.

④ You have to change your ＿＿＿＿＿＿ every day.

매일 ＿＿＿＿＿을 갈아입어야 한다.

⑤ My sister bought pink ＿＿＿＿＿＿ last Sunday.

우리 언니는 지난 일요일에 핑크색 ＿＿＿＿＿을 샀다.

| go with | underwear | pajamas | turtlenecks | suit |

E 힌트를 보고 알맞은 단어를 찾아서 동그라미 하세요.

g	f	h	j	u	m	p	e	r	f
n	a	h	w	f	g	y	u	o	f
y	s	h	e	h	y	i	p	t	m
d	h	f	v	g	t	h	e	u	r
u	i	f	j	g	q	s	e	x	f
h	o	h	s	w	e	a	t	e	r
m	n	p	a	s	g	b	h	d	u
i	n	f	h	r	e	g	y	o	j

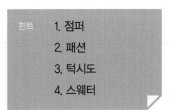

힌트　1. 점퍼
2. 패션
3. 턱시도
4. 스웨터

137

31 방문하기

Visiting

MP3 61

stop by
[stɑp bai] 스탑 바이

(숙) 방문하다, 잠깐 들르다

We stopped by my grandmother's house.
우리는 할머니 댁을 잠시 방문했다.

polite
[pəláit] 펄라잇

(형) 예의 바른, 공손한

He is a polite man.
그는 예의 바른 사람이다.

manner
[mǽnər] 매너r

(명) 태도, 몸가짐

Her bad manner made me angry.
그녀의 나쁜 행동은 나를 화나게 만들었다.

behave
[biːhéiv] 비이헤이브

(동) 행동하다, 처신하다

Why did you behave so badly?
왜 그렇게 나쁘게 행동했니?

drop in
[drɑp in] 드랍 인

(숙) 잠시 들르다

I love to drop in a stationery store.
나는 문구점에 들르는 걸 좋아한다.

visitor
[vízitər] 비지터r

(명) 방문객, 손님

My mom welcomed the visitors at the door.
엄마는 문에서 손님들을 환영했다.

guest
[gest] 게스트

(명) 손님

There are lots of guests at the party.
파티에 많은 사람들이 있다.

formal visit
[fɔ́ːrməl vízit] f퍼어멀v 비짓

(명) 공식 방문

Is this his formal visit?
이것이 그의 공식 방문인가요?

on a visit
[ɔn ə vízit]언 어 비짓

퇴 방문 중인

My father is on a visit to America.
우리 아빠는 미국을 방문 중이시다.

receive a friend
[risi:v ə frend]
r리씨이브 어 f프렌드

표 친구가 방문하다

I was very excited about receiving a friend.
나는 친구가 놀러 와서 신났었다.

come by
[kʌm bai]컴 바이

숙 들르다

When can you come by my house?
너 언제 우리집에 들를 수 있니?

courteous
[kə́:rtiəs]커어r티어스

형 예의 바른, 친절한

My teacher is a courteous man.
우리 선생님은 예의 바른 분이시다.

bow
[bau]바우

동 고개 숙여 인사하다

We have to bow to the old.
우리는 나이 든 분들께 고개 숙여 인사해야 한다.

see guests out
[si: gests aut]씨 게스츠 아웃

표 손님을 배웅하다

My whole family saw the guests out after dinner.
우리 가족 모두는 저녁식사 후에 손님들을 배웅했다.

MP3 61

기본 단어들도 다시 보자!

- ♣ visit 방문하다
- ♣ house 집
- ♣ friend's house 친구네 집
- ♣ call 방문하다, 전화하다
- ♣ neighbor 이웃

A 우리말로 뜻을 써 보세요.

① drop in

② visitor

③ receive a friend

④ courteous

⑤ manner

⑥ bow

⑦ come by

⑧ behave

⑨ formal visit

⑩ on a visit

B CD를 듣고 들려 주는 단어를 찾아 동그라미 하세요.

MP3 62

① a. courteous　　b. visitor　　c. polite

② a. manner　　b. come by　　c. behave

③ a. stop by　　b. see guests out　　c. manner

④ a. formal visit　　b. on a visit　　c. courteous

⑤ a. guest　　b. behave　　c. manner

C 빈칸 앞 첫 글자를 힌트로 해서 문장을 완성하세요.

① I have never s＿＿＿＿ by my friend's house.
나는 친구 집에 들러 본 적이 없다.

② You are a c＿＿＿＿ student.
너는 예의 바른 학생이구나.

③ My brother is o＿＿＿＿ a v＿＿＿＿ to our uncle's house.
내 남동생은 삼촌 댁을 방문 중이다.

④ The president did a f＿＿＿＿ v＿＿＿＿ to Mexico.
대통령은 멕시코를 공식 방문했다.

D CD를 듣고 알맞은 단어를 골라 영어 문장과 우리말 문장을 완성하세요. MP3 62

① You should be _____ to teachers.

선생님들께는 _____해야 한다.

② My friend _____ when I was leaving.

내 친구는 내가 떠날 때 _____.

③ Did you _____ on your friend?

네 친구한테 _____?

④ Everybody, attention, _____.

모두들, 차렷, _____.

⑤ It was _____ to help me with the homework.

숙제 도와줘서 너무 _____.

| drop in | polite | courteous | bow | saw me out |

E 힌트를 보고 빈칸에 알맞은 단어를 넣으세요.

가로
1. 방문객   2. 행동하다

세로
3. '친구가 방문하다'
   → _____ a friend
4. 태도

 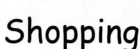

32 물건 사기

Shopping

go shopping
[gou ʃápiŋ] 고우 샤핑

표 쇼핑하러 가다

Let's go shopping after lunch.
점심식사 후에 우리 쇼핑하러 가자.

department store
[dipá:rtmənt stɔ:r]
디파아트먼트 스토어r

명 백화점

I can't find the department store you told me about.
네가 말해 준 백화점을 찾지 못하겠어.

shopper
[ʃápər] 샤퍼r

명 물건 사는 사람, 쇼핑객

A shopper lost his way to go to the parking lot.
물건 사러 온 사람이 주차장으로 가는 길을 잃었다.

style
[stail] 스타일

명 스타일, 모양

I like this style of jeans.
나는 이 스타일의 청바지를 좋아한다.

warranty
[wɔ́(:)rənti] 워런티

명 보증

The warranty will last more than one year.
품질 보증은 1년 이상 지속될 것이다.

apparel
[əpǽrəl] 어패r럴

명 의류

This section is for women's apparel.
이쪽 부분은 여성의류입니다.

window shopping
[wíndou ʃápiŋ] 윈도우 샤핑

명 (사지 않고 상품을) 구경하기, 아이쇼핑

My friend and I like to go window shopping.
내 친구와 나는 아이쇼핑하는 걸 좋아한다.

product
[prádəkt] 프러덕트

명 상품

This product was made in Germany.
이 상품은 독일에서 만들어졌다.

retail market

[ríːteil máːrkit]
r리이테일 마아r킷

명 소매시장

The retail market is next to my house.
그 소매시장은 우리집 바로 옆에 있다.

wholesale market

[hóulsèil máːrkit]
호울쎄일 마아r킷

명 도매시장

People can buy cheap products in the wholesale market.
사람들은 도매시장에서 싼 물건들을 살 수 있다.

luxury

[lʌ́gʒəri] 럭져리

명 사치품, 사치   명 사치의, 고급의

I think a cell phone is a luxury for children.
핸드폰은 아이들에게 사치품이라고 생각한다.

exchange

[ikstʃéindʒ] 익스체인쥐

동 교환하다   명 교환

An old man entered the store and asked to exchange some shoes.
나이 든 남자가 가게에 들어와서 신발을 교환해 달라고 요구했다.

delivery

[dilívəri] 딜리버r리

명 배달

I asked him to make a delivery by today.
나는 그에게 오늘까지 배달해 달라고 부탁했다.

purchase

[pə́ːrtʃəs] 퍼어r쳐스

동 구입하다, 사다   명 구매

What did you purchase this time?
이번에는 뭐 샀니?

MP3 63

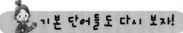
기본 단어들도 다시 보자!

- ♣ shop 가게
- ♣ buy 사다
- ♣ display 진열, 진열하다
- ♣ order 주문하다
- ♣ money 돈

실 력 이 쑥 쑥 올 라 가 는 　확 인 테 스 트

A　우리말로 뜻을 써 보세요.

① apparel

② warranty

③ shopper

④ style

⑤ go shopping

⑥ delivery

⑦ exchange

⑧ retail market

⑨ window shopping

⑩ product

B　CD를 듣고 들려 주는 단어를 찾아 동그라미 하세요.　MP3 64

① a. luxury　　　　b. delivery　　　　c. shopper

② a. department store　b. style　　　　c. wholesale market

③ a. purchase　　　b. warranty　　　c. apparel

④ a. go shopping　　b. retail market　c. product

⑤ a. style　　　　b. delivery　　　　c. purchase

C　빈칸 앞 첫 글자를 힌트로 해서 문장을 완성하세요.

① I need to e　　　　　these socks.
이 양말 좀 바꿔야 되겠어요.

② My family is going to the w　　　　　m　　　　　.
우리 가족은 도매시장에 가고 있다.

③ The new p　　　　　are sold out.
새로운 상품은 다 팔렸다.

④ When will you make the d　　　　　?
너는 언제 배달할 거니?

D CD를 듣고 알맞은 단어를 골라 영어 문장과 우리말 문장을 완성하세요. MP3 64

① Where is the biggest _____ in your town?
너희 동네에서 가장 큰 _____은 어디 있니?

② Look at the boots in new _____.
저기 새로운 _____의 부츠 좀 봐라.

③ It is very convenient for _____ to buy goods.
물건을 사려는 _____에게 아주 편리하다.

④ There are so many people in the _____ because of Christmas.
크리스마스 때문에 _____에 사람들이 아주 많다.

⑤ Do you sell men's _____ as well?
남자 _____도 파나요?

shoppers   apparel   department store   retail market   style

E 힌트를 보고 알파벳을 따라가면서 알맞은 단어를 찾아 동그라미 하세요.

① WMEKRTLWJETISIEKFREXCHANGEOWKEORPALDJ

② EKWOWPDXKFJHAHDMNFKWARRANTYJGWJEIQO

③ DKFLWOXJSKDPURCHASETSKDLAPGFXNFMSKK

④ DKWIEORTKANXJDFKWPEIOTLUXURYEDKWEORJ

| 힌트 | 1. 교환하다 | 2. 보증 |
| | 3. 구입하다 | 4. 사치품 |

145

33 계절

Season

autumn
[ɔ́:təm] 어어텀

명 가을

I like autumns most.
나는 가을이 가장 좋다.

spring breeze
[spriŋ bri:z] 스프링 브리이즈

명 봄바람

The spring breeze feels good.
봄바람은 기분을 좋게 한다.

flood
[flʌd] f플러드

명 홍수

There was a serious flood in Korea.
한국에 심각한 홍수가 났다.

rainy season
[réini sí:zən] 레이니 씨이즌

명 우기, 장마철

When is the rainy season in your country?
너희 나라의 우기는 언제니?

sweltering
[swéltəriŋ] 스웰터링

형 무더운

It was a very sweltering summer this year.
올해 여름은 아주 무더웠다.

dust storm
[dʌst stɔ:rm] 더스트 스토r옴

명 황사

People suffered from a dust storm.
사람들은 황사로 고통받았다.

muggy
[mʌ́gi] 머기

형 무더운

Nobody likes muggy weather.
아무도 무더운 날씨를 좋아하지 않는다.

drought
[draut] 드라웃

명 가뭄

There was a severe drought in Africa.
아프리카에 극심한 가뭄이 있었다.

frigid
[frídʒid] f프리짇

형 매우 추운

The frigid weather lasts long.
아주 추운 날씨가 오래 지속된다.

spring chill
[spriŋ tʃil] 스프링 칠

명 꽃샘 추위

My mom doesn't like the spring chill.
우리 엄마는 꽃샘 추위를 싫어하신다.

snowflake
[snóuflèik] 스노우플레익

명 눈송이

Snowflakes are all over the roof.
눈송이가 지붕 여기저기에 있다.

misty
[místi] 미스티

형 안개 낀

It will be misty and cold tomorrow.
내일은 안개 끼고 추울 것이다.

blossom
[blásəm] 블러썸

명 꽃, 꽃이 핌, 개화

Blossoms will be over in a week.
꽃의 개화는 일주일이면 끝날 것이다.

sticky
[stíki] 스티키

형 무더운, 끈적끈적한

I hate sticky weather.
나는 무더운 날씨가 싫다.

 기본 단어들도 다시 보자!

- ♣ season 계절
- ♣ spring 봄
- ♣ summer 여름
- ♣ fall 가을
- ♣ winter 겨울
- ♣ warm 따뜻한
- ♣ hot 더운
- ♣ cold 추운

A 우리말로 뜻을 써 보세요.

① blossom

② snowflake

③ autumn

④ rainy season

⑤ drought

⑥ spring breeze

⑦ frigid

⑧ sweltering

⑨ dust storm

⑩ flood

B CD를 듣고 들려 주는 단어를 찾아 동그라미 하세요.　MP3 66

① a. snowflake　　b. muggy　　c. blossom

② a. frigid　　b. sticky　　c. drought

③ a. muggy　　b. spring breeze　　c. dust storm

④ a. misty　　b. spring chill　　c. autumn

⑤ a. drought　　b. snowflake　　c. sweltering

C 빈칸 앞 첫 글자를 힌트로 해서 문장을 완성하세요.

① There is a d s in Korea.
한국에는 황사가 있다.

② My family goes and sees a cherry b every year.
우리 가족은 매년 벚꽃 구경을 간다.

③ A f causes a lot of problems.
홍수는 많은 문제를 일으킨다.

④ It is f at this time of year.
한해의 이맘 때면 몹시 춥다.

D CD를 듣고 알맞은 단어를 골라 영어 문장과 우리말 문장을 완성하세요. MP3 66

① Do you like ▢▢▢▢▢ ?

너는 _____을 좋아하니?

② Brazil has a ▢▢▢▢▢ weather.

브라질은 _____ 날씨다.

③ Do you want to see a ▢▢▢▢▢ in the garden?

너 정원에서 _____ 보고 싶니?

④ There was a ▢▢▢▢▢ all over the city.

도시 전체에 _____가 났다.

⑤ Aren't you cold? This is a ▢▢▢▢▢ .

춥지 않니? 이게 _____야.

> spring chill   sweltering   spring breeze   flood   blossom

E 힌트를 보고 알맞은 단어를 찾아서 동그라미 하세요.

g	s	h	n	j	u	p	a	c	d
t	n	u	d	r	o	u	g	h	t
u	o	p	l	d	v	f	h	y	j
k	w	d	e	t	g	b	h	n	j
u	f	k	f	r	i	g	i	d	e
y	l	e	v	h	v	g	n	h	k
z	a	v	g	n	h	n	j	i	e
e	k	g	a	u	t	u	m	n	d
e	e	u	j	k	r	t	u	k	k

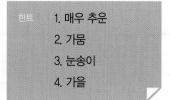

힌트
1. 매우 추운
2. 가뭄
3. 눈송이
4. 가을

Weather

MP3 67

lightning
[láitniŋ] 라이트닝

명 번개

The children are afraid of lightning.
그 아이들은 번개를 무서워하지.

unpredictable
[ʌnpridíktəbəl] 언프ㄹ리딕터블

형 예측 불허의, 예측할 수 없는

This is an unpredictable case for everybody.
이것은 모두에게 예측 불허의 경우다.

temperature
[témpərətʃər] 템프ㄹ러쳐r

명 온도

The temperature is above zero today.
오늘은 기온이 영상이야.

thunderstorm
[θʌ́ndərstɔ̀ːrm] 떤더r스터r옴

명 폭풍우, 뇌우

I can't sleep because of the thunderstorms.
폭풍우 때문에 잠을 잘 수가 없어.

predict
[pridíkt] 프ㄹ리딕트

동 예언하다, 예측하다

It is hard to predict the weather.
날씨를 예측하기란 어렵다.

report
[ripɔ́ːrt] ㄹ리포어r트

명 보고 동 보고하다

Did you hear the weather report today?
오늘 기상예보 들었니?

mild
[maild] 마일드

형 온화한, 따뜻한

It is mild tonight.
오늘밤은 날씨가 따뜻하다.

shower
[ʃáuər] 샤우워r

명 소나기

We had a shower two days ago.
이틀 전에 소나기가 왔었어.

weatherman
[wéðərmæn] 웨더맨

명 기상 예보자

The weatherman on TV is my uncle.
텔레비전에 나오는 기상 예보자가 우리 삼촌이다.

gloomy
[glú:mi] 글루우미

형 음침한, 우울한

Gloomy weather makes people sad.
음침한 날씨는 사람들을 슬프게 한다.

shining
[ʃáiniŋ] 샤이닝

형 해가 비치는

Mom dries clothes when the sun is shining.
엄마는 해가 비칠 때 옷을 말리신다.

clear
[kliər] 클리어r

형 맑게 갠

The weather is going to be clear in the afternoon.
날씨가 오후에 맑게 갤 것이다.

forecast
[fɔ́:rkæst] f포어r캐스트

동 예보하다   명 예보

Not everyone can forecast the weather.
아무나 날씨를 예보할 수 있는 건 아니다.

humid
[hjú:mid] 휴우믿

형 습한

Today is hot and humid.
오늘은 습하고 덥다.

MP3 67

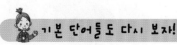

기본 단어들도 다시 보자!

♣ sunny 해가 비치는
♣ foggy 안개가 낀
♣ snowy 눈이 오는
♣ cloud 구름 낀
♣ cool 시원한
♣ freezing 몹시 추운

A 우리말로 뜻을 써 보세요.

① unpredictable

② forecast

③ thunderstorm

④ predict

⑤ report

⑥ shining

⑦ weatherman

⑧ temperature

⑨ shower

⑩ gloomy

B CD를 듣고 들려 주는 단어를 찾아 동그라미 하세요. MP3 68

① a. shower　　　　b. lightning　　　　c. weatherman

② a. report　　　　b. predict　　　　c. unpredictable

③ a. shining　　　　b. temperature　　　　c. humid

④ a. forecast　　　　b. mild　　　　c. gloomy

⑤ a. thunderstorm　　　　b. weatherman　　　　c. report

C 빈칸 앞 첫 글자를 힌트로 해서 문장을 완성하세요.

① It's a long l____.
번개가 길군요.

② The students were caught in a s____.
학생들은 소나기를 맞았다.

③ The heavy t____ is coming to town.
거대한 폭풍우가 마을로 오고 있다.

④ What a g____ weather it is!
너무 음울한 날씨다!

D CD를 듣고 알맞은 단어를 골라 영어 문장과 우리말 문장을 완성하세요. MP3 68

① The weather is really _____ .

　　날씨가 정말 _____.

② The _____ dropped sharply.

　　_____가 급격히 내려갔다.

③ The weatherman _____ the weather precisely.

　　그 기상예보자가 날씨를 정확하게 _____.

④ The sun is _____ beautifully.

　　해가 아름답게 _____.

⑤ It is uncomfortable to breathe in the _____ air.

　　_____ 공기 속에서는 숨 쉬기가 불편하다.

　　humid　forecasts　unpredictable　shining　temperature

E 힌트를 보고 빈칸에 알맞은 단어를 넣으세요.

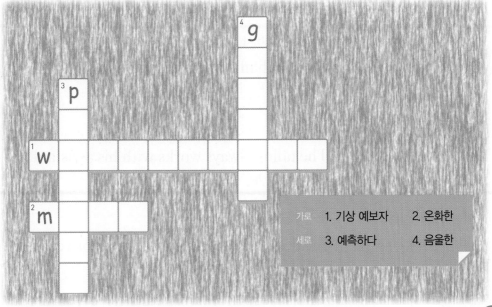

가로　1. 기상 예보자　2. 온화한
세로　3. 예측하다　4. 음울한

153

35 직업 2

Occupations II

MP3 69

farmer
[fáːrmər] f파아머r

명 농부

Do you know anyone who is a farmer?
누구 아는 농부 있니?

hairdresser
[hέərdrèsər] 헤어r드레써r

명 미용사

The hairdresser cuts hair very well.
그 미용사는 머리를 정말 잘 자른다.

tutor
[tjúːtər] 튜우타r

명 가정교사

Do you have a tutor after school?
방과 후에 가정교사가 있니?

guard
[gɑːrd] 가아드

명 경호원

The actress has her guards even at her home.
그 여배우는 집에서조차 경호원을 두고 있다.

librarian
[laibrέriən] 라이브레리언

명 사서

I showed a librarian some books to check out.
나는 책 몇 권을 대출하기 위해서 사서에게 보여주었다.

mechanic
[məkǽnik] 머캐닉

명 기계공, 정비사

The mechanic fixed my car very quickly.
그 정비사는 내 차를 정말 빨리 고쳤다.

tailor
[téilər] 테일러r

명 재단사

The tailor always works with his assistant.
그 재단사는 항상 보조와 일한다.

salesperson
[séilzpə̀ːrsn] 쎄일즈퍼어r슨

명 판매원

A salesperson knocked on the door very loudly.
판매원이 문을 아주 크게 두드렸다.

operator
[ápərèitər] 아퍼레이터r

명 교환원

The operator was tired of answering the phones.
그 교환원은 전화를 받는 데 매우 지쳤다.

entertainer
[èntərtéinər] 엔터r테이너r

명 연예인

There were a lot of entertainers in the theater.
그 극장에는 많은 연예인들이 있었다.

fisherman
[fíʃərmən] f피셔r먼

명 어부

The fisherman lost his boat because of the storm.
그 어부는 폭풍으로 배를 잃었다.

judge
[dʒʌdʒ] 져쥐

명 판사

A judge has to be truthful.
판사는 정직해야 한다.

secretary
[sékrətèri] 쎄크r러테r리

명 비서

A new secretary looks very nice.
새로운 비서가 아주 예쁘다.

plumber
[plʌ́mər] 플러머r

명 배관공

Do you have a phone number for plumbers?
너 배관공 전화번호 있니?

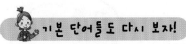 기본 단어들도 다시 보자!

MP3 69

- ♦ nurse 간호사
- ♠ clerk 점원
- ♣ cook 요리사
- ♣ bus driver 버스 운전사

A

우리말로 뜻을 써 보세요.

① hairdresser _____ ② entertainer _____

③ judge _____ ④ librarian _____

⑤ plumber _____ ⑥ tailor _____

⑦ salesperson _____ ⑧ mechanic _____

⑨ tutor _____ ⑩ operator _____

B

CD를 듣고 들려 주는 단어를 찾아 동그라미 하세요. MP3 70

① **a.** plumber **b.** judge **c.** entertainer

② **a.** tutor **b.** tailor **c.** fisherman

③ **a.** secretary **b.** mechanic **c.** librarian

④ **a.** farmer **b.** hairdresser **c.** fisherman

⑤ **a.** mechanic **b.** plumber **c.** salesperson

C

빈칸 앞 첫 글자를 힌트로 해서 문장을 완성하세요.

① A f_____ goes fishing early in the morning.
어부는 이른 아침에 낚시를 간다.

② The t_____ fixed my jeans very well.
그 재단사가 내 청바지를 아주 잘 고쳤다.

③ My mom called a p_____ to fix a sink.
엄마는 싱크대를 고치기 위해 배관공을 불렀다.

④ Who wants to be a f_____?
누가 농부가 되고 싶니?

D CD를 듣고 알맞은 단어를 골라 영어 문장과 우리말 문장을 완성하세요.   `MP3 70`

① I have a class with my math [   ] every Monday.

나는 월요일마다 수학 _____과 수업을 한다.

② This is an [   ] speaking.

_____입니다.

③ My aunt works as a [   ] at my school library.

숙모는 우리 학교 도서관에서 _____로 일하신다.

④ I asked a [   ] to cut my hair.

나는 _____에게 머리를 잘라 달라고 했다.

⑤ The man has a [   ] in his office.

그 남자는 사무실에 _____가 있다.

| hairdresser | operator | secretary | librarian | tutor |

E 힌트를 보고 알파벳을 따라가면서 알맞은 단어를 찾아 동그라미 하세요.

① SKELTPWLKEKTOWPEKYTKENTERTAINERQWKEIT

② WKELTOQPESALESPERSONKWKELTOQPELTIWLE

③ WKELTOQPEWLEOTAILORJWKEOTLQPDLGJKAKL

④ WKELTOQPEKTKJPLUMBERJWKEITOQJEKTJHSB

| 힌트 | 1. 연예인 | 2. 판매원 |
| | 3. 재단사 | 4. 배관공 |

36 장소

Places

hospital
[háspitl] 하스피틀

명 병원

The next stop is the hospital.
다음 정류장이 병원이야.

post office
[poust ɔ́(:)fis] 포우스트 어피스

명 우체국

The post office is very near my school.
우체국이 우리 학교 바로 근처에 있다.

restaurant
[réstərənt] 레스타러트

명 식당

Korean restaurants are getting popular in America.
한국 식당이 미국에서 점점 인기를 끌고 있다.

City Hall
[síti hɔ́:l] 씨티 허얼

명 시청

How can I get to City Hall?
시청에 어떻게 가나요?

police station
[pəlíːs stéiʃən]
펄리스 스테이션

명 경찰서

I stopped by the police station to ask for directions.
나는 길을 물어 보려고 경찰서에 들렀다.

supermarket
[súːpərmàːrkit]
슈우퍼r마아r킷

명 슈퍼마켓

My mom goes to the supermarket every other day.
엄마는 슈퍼마켓에 이틀에 한 번 가신다.

bakery
[béikəri] 베이크r리

명 제과점

I went to the bakery to buy some bread.
나는 빵을 사려고 제과점에 갔다.

stationery store
[stéiʃənəri stɔ́:r]
스테이셔너r리 스토어r

명 문구점

Children spend a lot of time in a stationery store.
아이들은 많은 시간을 문구점에서 보낸다.

shoe store [ʃuː stɔːr] 슈우 스토어r	명 신발가게 There are a lot of new sneakers in the shoe store. 신발가게에 새로운 운동화가 많이 있다.
hotel [houtél] 호우텔	명 호텔 My uncle had a wedding at a big hotel last week. 우리 삼촌이 지난주에 큰 호텔에서 결혼식을 하셨다.
port [pɔ́ːrt] 포어rt	명 항구 This port is always crowded. 이 항구는 항상 사람이 많다.
fire station [fáiər stéiʃən] f파이어r 스테이션	명 소방서 A fire engine is coming out of the fire station. 소방차가 소방서에서 나오고 있다.
library [láibrèri] 라이브레리	명 도서관 People should be quiet in the library. 사람들은 도서관에서 조용히 해야 한다.
parking lot [páːrkiŋ lɑt] 파아킹 랏	명 주차장 Many luxurious cars were parked in the parking lot. 많은 고급차들이 주차장에 주차되어 있었다.

MP3 71

기본 단어들도 다시 보자!

- ♣ school 학교
- ♣ station 역
- ♣ church 교회
- ♣ bookstore 서점

A 우리말로 뜻을 써 보세요.

① hotel [_____] ② bakery [_____]

③ supermarket [_____] ④ fire station [_____]

⑤ post office [_____] ⑥ library [_____]

⑦ City Hall [_____] ⑧ hospital [_____]

⑨ parking lot [_____] ⑩ restaurant [_____]

B CD를 듣고 들려 주는 단어를 찾아 동그라미 하세요. [MP3 72]

① a. port   b. supermarket   c. bakery

② a. restaurant   b. hotel   c. police station

③ a. hospital   b. stationery shop c. library

④ a. fire station b. parking lot   c. airport

⑤ a. shoe store   b. restaurant   c. post office

C 빈칸 앞 첫 글자를 힌트로 해서 문장을 완성하세요.

① My father found a good r[_____] near our house.

아빠는 우리 집 근처에서 좋은 식당을 발견하셨다.

② I love to see various cakes at the b[_____].

나는 제과점에서 다양한 케이크를 보는 걸 좋아한다.

③ There is a big s[_____] at the corner.

모퉁이에 큰 슈퍼마켓이 있다.

④ Many criminals are in the p[_____] s[_____].

많은 범죄자들이 경찰서에 있다.

D CD를 듣고 알맞은 단어를 골라 영어 문장과 우리말 문장을 완성하세요. **MP3 72**

① The _____ is in front of the school.

_____는 학교 앞에 있다.

② There are a lot of fire fighters in the _____.

_____에 많은 소방관들이 있다.

③ This section is for lady's _____.

이 구역은 여자 _____가 있는 곳이다.

④ Don't drop by the _____.

_____에 들러선 안 된다.

⑤ Many doctors and nurses are working at the _____.

많은 의사와 간호사들이 이 _____에서 일하고 있다.

| shoe stores | fire station | stationery store |
| police station | hospital | |

E 힌트를 보고 알맞은 단어를 찾아서 동그라미 하세요.

a	r	y	a	l	r	p	o	r	t
l	j	f	k	i	r	u	i	o	d
i	y	m	n	a	s	t	i	c	e
b	g	y	j	d	j	r	u	t	i
r	e	s	t	a	u	r	a	n	t
a	w	y	e	f	x	g	c	v	b
r	g	n	j	k	b	q	e	t	h
y	o	h	o	s	p	i	t	a	l

힌트   1. 식당
        2. 항구
        3. 병원
        4. 도서관

37 음식

Food

appetite

[ǽpitàit] 애피타잇

명 식욕

I don't have a big appetite today.
오늘 식욕이 크게 없다.

---

vegetable

[védʒətəbəl] 베즈터블

명 채소

Vegetables are good for your health.
채소는 건강에 좋다.

---

digest

[daidʒést] 다이제스트

동 소화하다

If you eat well, you will also digest your food well.
잘 먹으면 소화도 잘될 것이다.

---

spaghetti

[spəgéti] 스퍼게티

명 스파게티

How does the spaghetti taste?
그 스파게티 맛이 어떠니?

---

noodle

[nu:dl] 누우들

명 국수

I like Vietnamese noodles very much.
나는 베트남 국수를 아주 좋아한다.

---

beef

[bi:f] 비이프

명 쇠고기

A beef steak is one of the most popular items on the menu in the family restaurant.
쇠고기 스테이크는 패밀리 레스토랑에서 가장 인기 있는 메뉴 중 하나다.

---

hamburger

[hǽmbə̀:rgər] 햄버어거r

명 햄버거

Hamburger is a symbol of American fast foods.
햄버거는 미국 패스트푸드의 상징이다.

---

omelet

[áməlit] 아믈릿

명 오믈렛

An omelet is made of eggs.
오믈렛은 달걀로 만들어진다.

sauce
[sɔːs] 쏘어쓰

몡 소스

Do you know how to make barbecue sauce?
바비큐 소스 어떻게 만드는지 아니?

lemonade
[lèmənéid] 레머네이드

몡 레몬에이드

Lemonade is served with ice.
레몬에이드는 얼음과 같이 나온다.

eat out
[iːt aut] 이잇 아웃

숙 외식하다

Do you want to eat out for dinner?
저녁 나가서 먹을래?

lobster
[lɑ́bstər] 랍스터r

몡 바다가재

Lobsters are fresh in the winter.
바다가재는 겨울에 신선하다.

sandwich
[sǽndwitʃ] 쌘(드)위치

몡 샌드위치

A sandwich is a perfect food when you are busy.
바쁠 때는 샌드위치가 제격이다.

delicious
[dilíʃəs] 딜리셔스

혱 맛 좋은

The main dish was so delicious.
주요리가 너무 맛있었다.

MP3 73

기본 단어들도 다시 보자!

- ♣ food 음식
- ♣ dinner 저녁식사
- ♣ egg 계란
- ♣ breakfast 아침
- ♣ rice 밥
- ♣ meat 고기
- ♣ lunch 점심
- ♣ bread 빵
- ♣ soup 수프

A 우리말로 뜻을 써 보세요.

① spaghetti ② sauce

③ vegetable ④ eat out

⑤ noodle ⑥ digest

⑦ lobster ⑧ delicious

⑨ appetite ⑩ beef

B CD를 듣고 들려 주는 단어를 찾아 동그라미 하세요. MP3 74

① **a.** digest **b.** noodle **c.** hamburger

② **a.** spaghetti **b.** omelet **c.** beef

③ **a.** eat out **b.** delicious **c.** vegetable

④ **a.** lemonade **b.** sauce **c.** appetite

⑤ **a.** hamburger **b.** vegetable **c.** eat out

C 빈칸 앞 첫 글자를 힌트로 해서 문장을 완성하세요.

① I usually have o⬚⬚⬚⬚ for breakfast.
나는 보통 아침으로 오믈렛을 먹는다.

② Exercising is good for d⬚⬚⬚⬚.
운동은 소화에 아주 좋다.

③ What kind of v⬚⬚⬚⬚ is this?
이건 무슨 채소인가요?

④ This b⬚⬚⬚⬚ steak is rare.
이 쇠고기 스테이크는 덜 구워졌다.

D CD를 듣고 알맞은 단어를 골라 영어 문장과 우리말 문장을 완성하세요.　　　MP3 74

① ＿＿＿＿＿＿ is one of the most famous Italian foods.

＿＿＿＿＿＿는 가장 유명한 이탈리아 음식 중 하나다.

② How did you make this ＿＿＿＿＿＿?

넌 이 ＿＿＿＿＿를 어떻게 만들었니?

③ I like ＿＿＿＿＿ in the cream sauce.

나는 크림소스에 넣은 ＿＿＿＿＿를 좋아한다.

④ Hunger is the best ＿＿＿＿＿＿.

배고픔이 최고의 ＿＿＿＿＿이다. (→시장이 반찬이다.)

⑤ I gave the teacher a glass of ＿＿＿＿＿.

나는 선생님께 ＿＿＿＿＿ 한 잔을 드렸다.

| sauce | noodles | lemonade | sandwich | Spaghetti |

E 힌트를 보고 빈칸에 알맞은 단어를 넣으세요.

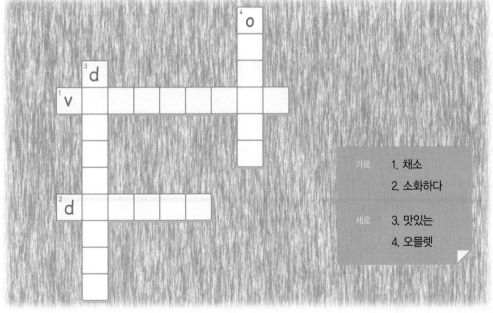

가로　1. 채소
　　　2. 소화하다

세로　3. 맛있는
　　　4. 오믈렛

넷째 마당

알아두면 늘 쓰게 되는 표현들

 38 동물

Animals

keep animals
[ki:p ǽnəməlz] 키입 애너멀즈

표 동물을 키우다

Some people keep wild animals.
어떤 사람들은 야생동물을 키운다.

animal clinic
[ǽnəməl klínik] 애너멀 클리닉

명 동물 병원

Where is an animal clinic near your house?
너희 집에서 가까운 동물병원이 어디니?

zebra
[zí:brə] 지이브러

명 얼룩말

Have you seen a zebra in person?
얼룩말을 직접 본 적 있니?

feed animals
[fi:d ǽnəməlz]
f피이드 애너멀즈

표 동물에게 먹이 주다

People should feed animals regularly.
사람들은 동물들에게 규칙적으로 먹이를 주어야 한다.

ostrich
[ɔ́(:)stritʃ] 어스트리치

명 타조

What a tall ostrich it is!
타조가 정말 키가 크다!

hippopotamus
[hìpəpátəməs]
히퍼파터머스

명 하마

A hippopotamus moves very slowly.
하마는 아주 천천히 움직인다.

swan
[swɑn] 스완

명 백조

There are a lot of swans in the lake.
많은 백조가 호수에 있다.

lizard
[lízərd] 리저드

명 도마뱀

Many students are afraid of lizards at the zoo.
많은 학생들이 동물원에서 도마뱀을 무서워한다.

woodpecker
[wúdpèkər] 웃페커r

명 딱따구리

How can a woodpecker make holes in trees?
딱따구리는 어떻게 나무에 구멍을 낼 수 있을까요?

dolphin
[dάlfin] 덜핀

명 돌고래

Children love to see a dolphin show.
아이들은 돌고래 쇼 보기를 좋아한다.

flamingo
[fləmíŋgou] f플러밍고우

명 홍학

What color is a flamingo?
홍학은 어떤 색깔인가요?

fox
[fɑks] f팍스

명 여우

Foxes climb trees very well.
여우들은 나무를 잘 탄다.

coyote
[káiouti] 카이오우티

명 코요테

People are not familiar with coyotes.
사람들은 코요테를 잘 모른다.

giraffe
[dʒərǽf] 쥐래프

명 기린

A giraffe is the tallest animal.
기린은 키가 가장 큰 동물이다.

MP3 75

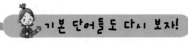
기본 단어들도 다시 보자!

- ♣ animal 동물
- ♣ lion 사자
- ♣ horse 말
- ♣ zoo 동물원
- ♣ bear 곰
- ♣ snake 뱀
- ♣ tiger 호랑이
- ♣ elephant 코끼리

A 우리말로 뜻을 써 보세요.

① dolphin

② ostrich

③ swan

④ animal clinic

⑤ flamingo

⑥ lizard

⑦ zebra

⑧ feed animals

⑨ coyote

⑩ hippopotamus

B CD를 듣고 들려 주는 단어를 찾아 동그라미 하세요.   MP3 76

① a. woodpecker   b. giraffe   c. lizard

② a. flamingo   b. coyote   c. zebra

③ a. keep animals   b. feed animals   c. animal clinic

④ a. ostrich   b. dolphin   c. lizard

⑤ a. zebra   b. fox   c. hippopotamus

C 빈칸 앞 첫 글자를 힌트로 해서 문장을 완성하세요.

① An o_____ lays the biggest egg.

타조는 가장 큰 알을 낳는다.

② It is very difficult to k_____ a_____ at home.

집에서 동물을 키우는 건 아주 어렵다.

③ Did you see that strange l_____ ?

너 저 이상한 도마뱀 봤니?

④ A s_____ swims very well.

백조는 수영을 잘한다.

D CD를 듣고 알맞은 단어를 골라 영어 문장과 우리말 문장을 완성하세요. MP3 76

① Is this _____ able to swim?

이 _____는 수영할 수 있나요?

② _____ have black and white stripes.

_____은 검고 흰 줄무늬가 있다.

③ A _____ looks like a dog.

_____는 개와 비슷하네요.

④ _____ are a smart animal.

_____는 매우 영리한 동물이다.

⑤ I took my cat to the _____ last night.

나는 어젯밤에 우리 고양이를 _____에 데리고 갔다.

| coyote | animal clinic | hippopotamus | Zebras | Dolphins |

E 힌트를 보고 알파벳을 따라가면서 알맞은 단어를 찾아 동그라미 하세요.

① WLEKJTLKJQPODFNAWKJHWOODPECKERQPOWE

② SKJHDFIUWEOILIZARDOWLDKGPQLETXKDKELEOT

③ QJEKTISODLKHSOZMDJGKWLTPFEEDTWKEOTLSK

④ SKLFLAMINGOWLKJTPOQIWERPOIEKWLODKFMP

| 힌트 | 1. 딱따구리 | 2. 도마뱀 |
| | 3. '동물에게 먹이를 주다' → _____ animals | 4. 홍학 |

171

39 식물

Plants

plant
[plænt] 플랜트

명 식물, 화초

Do you have any plants in your room?
너희 방에 화초가 있니?

leaf
[liːf] 리아프

명 잎 복수 leaves

Leaves fall in the fall.
나뭇잎은 가을에 떨어진다.

grass
[græs] 그래스

명 잔디

Look at the green grass.
초록색 잔디를 봐라.

cactus
[kǽktəs] 캑터스

명 선인장

Do you want this cactus?
이 선인장 가질래?

maple
[méipəl] 메이플

명 단풍나무

Maple leaves turn red when the temperature goes down.
단풍나무 잎은 기온이 내려가면 빨갛게 변한다.

oak
[ouk] 오우크

명 참나무

Oak trees are very strong and hard.
참나무는 아주 강하고 단단하다.

walnut
[wɔ́ːlnʌt] 우월넛

명 호두나무

Walnut trees are usually very tall.
호두나무는 보통 키가 아주 크다.

herb
[həːrb] 허브

명 약초, 허브

Last week, our school visited a herb farm.
지난주에 우리 학교는 약초 농장을 방문했다.

seed
[si:d] 씨이드

명 씨

My father bought some grass seeds.
우리 아빠는 잔디 씨앗을 사셨다.

tulip
[tjúːlip] 튜울립

명 튤립

The Netherlands is famous for tulips.
네덜란드는 튤립으로 유명하다.

thorn
[θɔːrn] 따r온

명 가시

Cactuses have many thorns.
선인장은 가시가 많다.

fragrance
[fréigrəns] f프레이그r런스

명 향기

Bees and butterflies come to flowers because of their fragrances.
벌과 나비들은 향기 때문에 꽃들한테 온다.

pine
[pain] 파인

명 소나무

Pine trees are still green in the winter.
소나무는 겨울인데도 초록색이다.

botanical garden
[bətǽnikəl gáːrdn]
버태니클 가아r든

명 식물원

There are many botanical gardens on Jeju island.
제주도에는 식물원이 많이 있다.

MP3 77

기본 단어들도 다시 보자!

- ♣ tree 나무
- ♣ rose 장미
- ♣ tall 키가 큰
- ♣ flower 꽃
- ♣ grow 자라다
- ♣ short 키가 작은

A 우리말로 뜻을 써 보세요.

① leaf   ② thorn

③ botanical garden   ④ walnut

⑤ plant   ⑥ cactus

⑦ maple   ⑧ tulip

⑨ pine   ⑩ grass

B CD를 듣고 들려 주는 단어를 찾아 동그라미 하세요.   MP3 78

① a. oak   b. herb   c. grass

② a. cactus   b. seed   c. plant

③ a. maple   b. fragrance   c. pine

④ a. thorn   b. tulip   c. walnut

⑤ a. botanical garden   b. fragrance   c. cactus

C 빈칸 앞 첫 글자를 힌트로 해서 문장을 완성하세요.

① T____ are yellow, red, and orange.
튤립은 노랗고, 빨갛고, 오렌지색이다.

② H____ smell very good.
허브 냄새가 매우 좋다.

③ The tree has lots of l____.
그 나무는 잎사귀가 아주 많다.

④ My mom spent her time in the b____ g____.
엄마는 식물원에서 시간을 보내셨다.

D CD를 듣고 알맞은 단어를 골라 영어 문장과 우리말 문장을 완성하세요. MP3 78

① I put many _____ in the vase.

나는 꽃병에 _____을 꽂았다.

② When did you go to the _____ last time?

너는 마지막으로 언제 _____에 갔니?

③ Each fall, we can see many nuts in the _____ trees.

가을마다 우리는 _____나무에서 많은 호두열매를 볼 수 있다.

④ A _____ can live in sand.

_____은 모래에서 살 수 있다.

⑤ My family bought a lot of _____ this spring.

우리 가족은 이번 봄에 많은 _____을 샀다.

| cactus | walnut | plants | tulips | botanical garden |

E 힌트를 보고 알맞은 단어를 찾아서 동그라미 하세요.

e	t	g	h	y	u	i	o	p	l
q	h	f	r	y	d	v	f	i	b
h	o	y	u	j	m	e	t	n	e
y	r	u	w	d	r	f	g	e	b
g	n	f	h	j	y	u	a	w	e
t	f	g	g	r	a	s	s	f	g
b	h	d	j	o	q	p	e	v	g
q	f	r	a	g	r	a	n	c	e

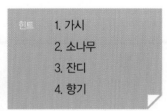

힌트 1. 가시
2. 소나무
3. 잔디
4. 향기

175

40 자연현상

Nature

hurricane
[hə́:rəkèin] 허어r러케인
명 허리케인
People suffered from the hurricane in the USA.
미국에서 사람들이 허리케인으로 고통받았다.

tornado
[tɔ:rnéidou] 토어r네이도우
명 토네이도
A big tornado appeared in the city.
도시에 큰 토네이도가 나타났다.

rainbow
[réinbòu] r레인보우
명 무지개
Look at the rainbow in the sky.
하늘에 있는 무지개 좀 봐.

typhoon
[taifú:n] 타이푸운
명 태풍
Where did the typhoons come from?
그 태풍들은 어디서 왔을까요?

storm
[stɔ:rm] 스토r엄
명 폭풍우
A storm is approaching very closely.
폭풍이 아주 가까이 다가오고 있다.

fog
[fɔ(:)g] f포그
명 안개
Finally, the fog cleared up.
마침내 안개가 걷혔다.

weather warning
[wéðər wɔ́:rniŋ]
웨더r 워어닝
명 기상경보
The weather warning made people scared.
기상경보가 사람들을 두려움에 떨게 했다.

weather observation
[wéðər àbzərvéiʃən]
웨더r 업저r베이션
명 기상관측
Weather observation is very important.
기상관측은 아주 중요하다.

heavy snowfall

[hévi snóufɔ̀ːl] 헤비 스노우펄

명 대설

There was a heavy snowfall last night.
어젯밤에 대설이 왔다.

thunder

[θʌ́ndər] 떤더r

명 천둥

We heard the sound of thunder.
우리는 천둥소리를 들었다.

earthquake

[ə́ːrθkwèik] 어r뜨퀘이크

명 지진

The earthquake destroyed many houses and buildings.
그 지진으로 여러 건물과 빌딩들이 무너졌다.

volcano

[vɑlkéinou] 벌케이노우

명 화산

I watched a movie about a volcano.
나는 화산에 관한 영화를 하나 보았다.

tsunami

[tsunaːmi] 쓰나아미

명 쓰나미, 지진 해일

Many people were killed by the tsunami.
쓰나미로 인해서 많은 사람들이 죽었다.

disaster

[dizǽstər] 디재스터r

명 천재, 재해

The town was hit by a natural disaster.
마을이 자연 재해로 타격을 입었다.

MP3 79

기본 단어들도 다시 보자!

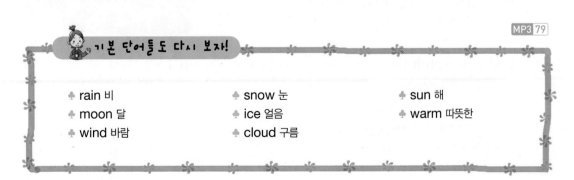

- ♣ rain 비
- ♣ moon 달
- ♣ wind 바람
- ♣ snow 눈
- ♣ ice 얼음
- ♣ cloud 구름
- ♣ sun 해
- ♣ warm 따뜻한

실력이 쑥쑥 올라가는

A 우리말로 뜻을 써 보세요.

① earthquake   ② typhoon

③ weather warning   ④ tornado

⑤ disaster   ⑥ rainbow

⑦ thunder   ⑧ hurricane

⑨ weather observation   ⑩ storm

B CD를 듣고 들려 주는 단어를 찾아 동그라미 하세요.   MP3 80

① a. fog   b. tsunami   c. rainbow

② a. heavy snowfall   b. hurricane   c. thunder

③ a. volcano   b. storm   c. earthquake

④ a. rainbow   b. typhoon   c. disaster

⑤ a. hurricane   b. tsunami   c. weather observation

C 빈칸 앞 첫 글자를 힌트로 해서 문장을 완성하세요.

① Children love to find and see a r   .
아이들은 무지개를 찾아 보는 것을 좋아한다.

② It is dangerous to drive in the f   .
안개 속에서 운전하는 것은 위험하다.

③ Did you watch the w   w   on TV?
너 텔레비전에서 기상경보 봤니?

④ I was so surprised to see the h   s   .
나는 대설을 보고 너무 놀랐다.

D　CD를 듣고 알맞은 단어를 골라 영어 문장과 우리말 문장을 완성하세요. MP3 80

① We have never had that terrible _____.

우리는 그런 최악의 _____은 처음이다.

② The _____ sounded so serious.

그 _____는 아주 심각하게 들렸다.

③ An alarm was on because of the _____.

_____로 경보가 울렸다.

④ The _____ brought a lot of damages to the country.

그 _____은 그 나라에 많은 손해를 가져왔다.

⑤ It is difficult to find a _____ when it is sunny.

화창할 때는 _____를 찾기가 어렵다.

earthquake　　weather warning　　rainbow　　typhoon　　tsunami

E　힌트를 보고 빈칸에 알맞은 단어를 넣으세요.

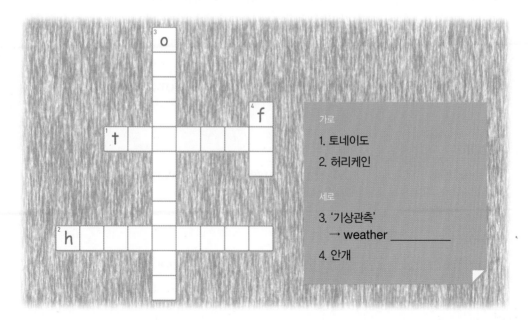

가로

1. 토네이도
2. 허리케인

세로

3. '기상관측'
　　→ weather _____
4. 안개

179

41 생활필수품

Necessities

MP3 81

toilet paper
[tɔ́ilit péipər] 터일릿 페이퍼r

명 화장지, 휴지

Mom, please get me some toilet paper.
엄마, 화장지 좀 가져다 주세요.

soap
[soup] 쏘웁

명 비누

Wash your hands with soap.
비누로 손 씻어.

shampoo
[ʃæmpú:] 샴푸우

명 샴푸

You have to use children shampoo.
너는 어린이 샴푸를 쓰도록 해라.

towel
[táuəl] 타우얼

명 수건

This towel is so wet.
이 수건은 너무 젖었다.

toothbrush
[tu:θbrʌʃ] 투뜨브러쉬

명 칫솔

Can I have a new toothbrush?
새 칫솔 좀 주세요.

toothpaste
[tu:θpeist] 투뜨페이스트

명 치약

Squeeze the toothpaste for me.
치약 좀 짜줘.

razor
[réizər] 레이저r

명 면도기

My father uses a razor every day.
우리 아빠는 매일 면도기를 사용하신다.

lotion
[lóuʃən] 로우션

명 로션, 화장수

The lotion smells very good.
로션이 향기가 좋다.

perfume
[pə́:rfju:m] 퍼r퓨움

명 향수

How much did this perfume cost you?
이 향수 얼마에 샀니?

garbage bag
[gá:rbidʒ bæg] 가아r비쥐 백

명 쓰레기봉투

We are out of garbage bags.
우리 쓰레기봉투가 떨어졌어.

trash can
[træʃ kæn] 트래쉬 캔

명 휴지통

The trash can is full.
휴지통이 꽉 찼어.

light bulb
[lait bʌlb] 라잇 벌브

명 전구

Do you have an extra light bulb?
너 전구 여분 있니?

detergent
[ditə́:rdʒənt] 디터어r전트

명 세제

How much detergent do I have to use?
세제를 얼마나 사용해야 하니?

comb
[koum] 코움

명 빗

This is my favorite comb.
내가 좋아하는 빗이야.

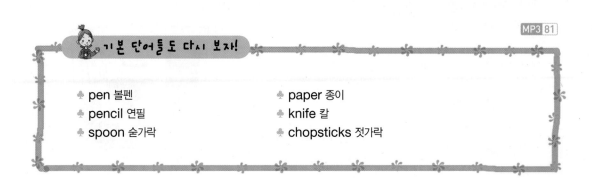

기본 단어들도 다시 보자!

MP3 81

- ♣ pen 볼펜
- ♣ pencil 연필
- ♣ spoon 숟가락
- ♣ paper 종이
- ♣ knife 칼
- ♣ chopsticks 젓가락

A 우리말로 뜻을 써 보세요.

① towel
② comb
③ detergent
④ razor
⑤ toilet paper
⑥ toothpaste
⑦ soap
⑧ perfume
⑨ toothbrush
⑩ garbage bag

B CD를 듣고 들려 주는 단어를 찾아 동그라미 하세요.　MP3 82

① a. shampoo　　b. lotion　　c. light bulb

② a. towel　　b. toothpaste　　c. garbage bag

③ a. toothpaste　　b. comb　　c. shampoo

④ a. detergent　　b. perfume　　c. soap

⑤ a. light bulb　　b. towel　　c. razor

C 빈칸 앞 첫 글자를 힌트로 해서 문장을 완성하세요.

① I need a c_____ right away.
나 지금 당장 빗이 필요해.

② How many g_____ b_____ do you have?
쓰레기봉투가 몇 개나 있니?

③ Can I have a new t_____?
새 수건 줄래?

④ Here is no more s_____.
여기 샴푸가 더 없어요.

D CD를 듣고 알맞은 단어를 골라 영어 문장과 우리말 문장을 완성하세요. MP3 82

① Did you see that pink ?

너 그 분홍색 _____ 봤니?

② I have to wash wet .

젖은 _____을 빨아야 해.

③ Put the next to the .

_____을 _____ 옆에 놓아라.

④ I have to buy a today.

나 오늘 _____를 사야 해.

⑤ Your is just like mine.

네 _____이 내 거랑 같네.

| toothpaste | soap | light bulb | towels |
| toothbrush | toilet paper | | |

E 힌트를 보고 알파벳을 따라가면서 알맞은 단어를 찾아 동그라미 하세요.

① EKRKWJDETERGENTDWKEITOQPSKCMEKTPOWO

② ODKFLWIEPTKLQWSNDJSMRAZORIEKRKQOEPGK

③ DKFSHAMPOOXSKDLCMDJFKQOEPTLKYISIOEKM

④ EDKFLOEPTPPERFUMEKWOEODKWIEOTPQKETIY

| 힌트 | 1. 세제 | 2. 면도기 |
| | 3. 샴푸 | 4. 향수 |

 **42** 축하하기

Congratulations

MP3 83

congratulation
[kəngrætʃəléiʃən]
컨그r래철레이션

명 축하

Congratulations on your birthday!
너의 생일을 진심으로 축하해!

graduation
[grædʒuéiʃən] 그래쥬에이션

명 졸업

I went to my uncle's graduation.
나는 우리 삼촌 졸업식에 갔다.

encourage
[enkə́:ridʒ] 인커어리쥐

동 격려하다

I know how to encourage my best friend.
나는 나의 가장 친한 친구를 어떻게 격려하는지 알고 있다.

hearty
[háːrti] 하아티

형 마음에서 우러난, 정성어린

I showed my hearty welcome to my friends.
나는 친구들에게 마음으로부터 환영하고 있음을 보여주었다.

wedding anniversary
[wédiŋ ænəvə́ːrsəri]
웨딩 애너버어r써리

명 결혼기념일

Do you know when your parents' wedding
anniversary is? 너희 부모님 결혼기념일이 언제인지 아니?

make it
[meik it] 메일 잇

표 해내다, 성공하다, 가다

Sorry, I can't make it.
미안해. 나 못 가겠어.

cheer up
[tʃiər ʌp] 취어r 업

숙 격려하다, 기운내다

It will be okay. Cheer up.
잘 될 거야. 기운 내.

bless
[bles] 블레스

동 축복하다

God bless you! 신의 축복이 있기를!

184

toast
[toust] 토우스트

⑧ 축배를 들다, 건배하다

Let's toast for our winning!
우리의 승리를 위해서 건배!

receive congratulations from
[risíːv kəngrætʃəléiʃənz frʌm]
r리씨이브 컹그r래츌레이션즈 f프럼

⑨ ~로부터 축하를 받다

I received congratulations from my classmates.
나는 반친구들한테서 축하를 받았다.

truly
[trúːli] 트루울리

⑨ 진심으로

I truly love my family.
나는 진심으로 내 가족을 사랑한다.

sincerely
[sinsíərli] 씬씨어r리

⑨ 진실로, 진지하게

Sincerely, you are a nice person.
진실로 너는 좋은 사람이구나.

have one's fingers crossed
[hæv wʌnz fíŋgərz krɔːst]
해브 원즈 f핑거r즈 크r러스트

⑨ 행운을 빌다

I had my fingers crossed for passing the exam.
나는 시험에 통과하길 빌었다.

promotion
[prəmóuʃən] 프러모우션

⑨ 승진

My father is looking forward to getting a
promotion at work.
아빠는 직장에서 승진하기를 기대하고 계신다.

MP3 83

기본 단어들도 다시 보자!

♣ happy 행복한
♣ great 멋진
♣ envy 부러워하다

♠ victory 승리
♠ pleased 만족스러운
♠ Good job 잘했어

A 우리말로 뜻을 써 보세요.

① cheer up ② graduation

③ promotion ④ sincerely

⑤ toast ⑥ congratulation

⑦ have one's fingers crossed ⑧ make it

⑨ hearty ⑩ receive congratulations from

B CD를 듣고 들려 주는 단어를 찾아 동그라미 하세요. MP3 84

① **a.** graduation **b.** promotion **c.** make it

② **a.** bless **b.** encourage **c.** truly

③ **a.** wedding anniversary **b.** bless **c.** toast

④ **a.** congratulation **b.** sincerely **c.** hearty

⑤ **a.** toast **b.** graduation **c.** cheer up

C 빈칸 앞 첫 글자를 힌트로 해서 문장을 완성하세요.

① My parents always e   me.
부모님은 항상 나를 격려해 주신다.

② Many people believe that God b   them.
많은 사람들이 신이 그들을 축복한다고 믿는다.

③ Congratulations on your g   .
너의 졸업을 축하해.

④ He finally got the p   .
그는 마침내 승진을 했다.

186

D CD를 듣고 알맞은 단어를 골라 영어 문장과 우리말 문장을 완성하세요. MP3 84

① I am too busy to ░░░░░░░ today.

나 오늘 너무 바빠서 _____없어.

② ░░░░░░░! You will win the game.

_____! 네가 경기에서 이길 거야.

③ He said that he ░░░░░░░ loved his girlfriend.

그는 여자친구를 _____ 사랑한다고 말했다.

④ Today is their ░░░░░░░.

오늘이 그들의 _____이다.

⑤ When are we going to do the ░░░░░░░ celebration for her birthday?

우리는 언제 그녀의 생일을 위해 _____축하를 할까?

| Cheer up | wedding anniversary | hearty |
| make it | sincerely | |

E 힌트를 보고 알맞은 단어를 찾아서 동그라미 하세요.

t	g	w	g	t	h	u	j	b	k
r	l	a	d	v	s	g	e	l	u
u	o	p	l	k	m	j	u	e	g
l	h	t	o	a	s	t	d	s	x
y	g	e	h	w	t	u	o	s	q
e	r	g	t	h	y	j	n	m	d
g	r	a	d	u	a	t	i	o	n

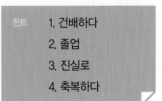

힌트
1. 건배하다
2. 졸업
3. 진실로
4. 축복하다

187

43 유행

Fashion

vogue
[voug] 보우그

명 유행

Black and white is in vogue again.
검은색과 흰색이 다시 유행이다.

up to date
[ʌp tu: deit] 업 투 데잇

형 최신의

He always wears up to date clothes.
그는 항상 최신유행 옷만 입는다.

stylish
[stáiliʃ] 스타일리쉬

형 유행하는

Is this a stylish tie?
이게 유행하는 넥타이니?

behind the times
[biháind ðə taimz]
비하인드 더 타임즈

형 유행에 뒤쳐진

I sometimes miss my uncle who is behind the times.
나는 때때로 유행에 뒤쳐진 우리 삼촌이 그립다.

latest
[léitist] 레이티스트

형 최신의

It is the latest news about him.
이것이 그에 대한 최신 뉴스다.

ancient
[éinʃənt] 에인션트

형 오래된

Are you familiar with the ancient costume?
너는 고대 복장에 대해 잘 아니?

out of style
[aut ɑv stail]
아웃 어브 스타일

형 유행이 지난

Don't you think it is out of style?
그거 유행이 지났다고 생각 안하니?

recent
[rí:sənt] 리쓴트

형 최근의

What is the recent movie on this list?
이 목록에서 최근 영화는 어떤 거니?

modern
[mάdərn] 마던

형 현대의

It is hard to understand modern art.
현대미술을 이해하는 것은 어렵다.

lead
[li:d] 리이드

동 이끌다

He is leading the fashion industry in Korea.
그는 한국 패션계를 이끌고 있다.

fashionable
[fǽʃənəbəl] 패셔너블

형 유행의

Your new shoes are fashionable.
너 새 신발이 유행인걸.

current
[kʌrənt] 커런트

형 현재의, 지금의

I am only interested in the current issues.
나는 오직 현재의 문제에 대해서만 흥미를 느낀다.

model
[mάdl] 마들

명 모델

A model is tall and skinny.
모델은 키가 크고 날씬하다.

fashion show
[fǽʃən ʃou] 패션 쇼우

명 패션쇼

I saw a great fashion show on TV.
나는 텔레비전에서 멋진 패션쇼를 보았다.

MP3 85

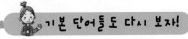
기본 단어들도 다시 보자!

- ♣ fashion 유행, 패션
- ♣ famous 유명한
- ♠ sense 센스
- ♣ clothes 옷
- ♠ new 새로운

A 우리말로 뜻을 써 보세요.

① latest ② fashionable

③ model ④ up to date

⑤ current ⑥ vogue

⑦ lead ⑧ out of style

⑨ fashion show ⑩ behind the times

B CD를 듣고 들려 주는 단어를 찾아 동그라미 하세요. MP3 86

① a. stylish b. ancient c. current

② a. vogue b. recent c. latest

③ a. up to date b. fashion show c. fashionable

④ a. lead b. current c. modern

⑤ a. fashion show b. behind the times c. recent

C 빈칸 앞 첫 글자를 힌트로 해서 문장을 완성하세요.

① Which one is the l_____ book here?
여기서 가장 최근에 나온 책이 어떤 건가요?

② His suit is very s_____.
그의 양복이 매우 유행이다.

③ Who is b_____ the t_____ among them?
그들 중에 누가 유행이 뒤쳐지나요?

④ My father often goes shopping to buy some _____ _____ d_____ ties.
우리 아빠는 종종 최신 유행 넥타이를 사기 위해 쇼핑을 가신다.

D CD를 듣고 알맞은 단어를 골라 영어 문장과 우리말 문장을 완성하세요. MP3 86

① My grandfather is _____.

우리 할아버지는 _____다.

② I like your _____ haircut.

너의 _____ 머리가 마음에 든다.

③ I have never been to a _____.

난 _____에 가 본 적이 없어.

④ Your dress is _____.

네 드레스는 _____구나.

⑤ A mini skirt is a huge _____ in Korea.

미니스커트가 한국에서 대단한 _____이다.

| out of style | stylish | behind the times |
| vogue | fashion show | |

E 힌트를 보고 빈칸에 알맞은 단어를 넣으세요.

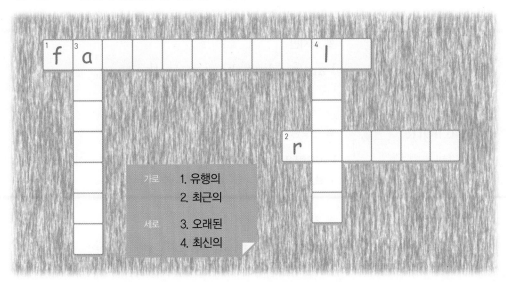

가로   1. 유행의
      2. 최근의

세로   3. 오래된
      4. 최신의

44 길 찾기

Finding Ways

MP3 87

way
[wei] 웨이

명 길

This way goes to City Hall.
이 길이 시청으로 가는 길이다.

street
[striːt] 스트리잇

명 거리

Many streets look like a spider web.
많은 길거리가 마치 거미줄 같다.

road
[roud] ㄹ로우드

명 도로

A new road was just paved.
새로운 길이 바로 얼마 전에 포장되었다.

corner
[kɔ́ːrnər] 코어ㄹ너ㄹ

명 모퉁이

The bakery is just on the corner.
그 제과점은 바로 길모퉁이에 있다.

address
[ədrés] 어드ㄹ레스

명 주소

Tell me your address, please.
주소를 말씀해 주세요.

sign
[sain] 싸인

명 표지판

I am reading the sign on the road.
나는 길거리에 있는 표지판을 읽고 있다.

traffic light
[trǽfik lait] 트ㄹ래픽 라잇

명 신호등

Generally, a traffic light has three colors.
일반적으로 신호등은 세 가지 색깔이다.

crosswalk
[krɔ́ːswɔ̀ːk] ㅋㄹ로어스워억

명 횡단보도

I can't find any crosswalk near here.
이 근처에서 횡단보도를 못 찾겠어.

sidewalk
[sáidwɔ̀ːk] 싸이드웍

명 보도

The students were waiting for a teacher on the sidewalk.
학생들은 보도에서 선생님을 기다리고 있었다.

straight
[streit] 스트r레잇

형 곧은, 일직선의   부 똑바로

The road is very straight.
그 길은 아주 똑바르다.

bridge
[bridʒ] 브리쥐

명 다리

We crossed the bridge at night.
우리는 밤에 다리를 건넜다.

bus stop
[bʌs stɑp] 버스탑

명 버스 정류장

The bus stop is very close to my house.
버스정류장이 우리 집에서 아주 가깝다.

next to
[nekst tuː] 넥스투

전 ~옆에

We live next to each other.
우리는 서로 옆집에 산다.

city
[síti] 씨티

명 도시

This city has a long history.
이 도시는 아주 오랜 역사가 있다.

MP3 87

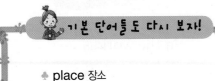
기본 단어들도 다시 보자!

- ♣ place 장소
- ♣ front 앞의
- ♣ near 근처에
- ♣ across 건너편의, 가로질러
- ♣ behind ~ 뒤에

A 우리말로 뜻을 써 보세요.

① city　　　　　　　　　② straight

③ sign　　　　　　　　　④ road

⑤ sidewalk　　　　　　　⑥ next to

⑦ address　　　　　　　⑧ traffic light

⑨ street　　　　　　　　⑩ corner

B CD를 듣고 들려 주는 단어를 찾아 동그라미 하세요.　　　　MP3 88

① a. bridge　　　　b. crosswalk　　　　c. bus stop

② a. traffic light　　b. way　　　　　　c. address

③ a. sidewalk　　　b. bridge　　　　　c. corner

④ a. bus stop　　　b. crosswalk　　　　c. sign

⑤ a. address　　　b. straight　　　　　c. bridge

C 빈칸 앞 첫 글자를 힌트로 해서 문장을 완성하세요.

① A big truck is turning a c_____ .
큰 트럭이 길모퉁이를 돌고 있다.

② Don't turn anywhere. Just go s_____ .
어디서도 돌지 마. 그냥 곧장 가.

③ New York is one of the biggest c_____ in the world.
뉴욕은 세계에서 가장 큰 도시 중 하나다.

④ Mailmen are good at finding the right a_____ .
우체부는 정확한 주소를 찾는 걸 잘한다.

194

D CD를 듣고 알맞은 단어를 골라 영어 문장과 우리말 문장을 완성하세요. MP3 88

① There are so many people at the ▢▢▢▢▢▢▢.

_____에 많은 사람들이 있었다.

② Which is the shortest ▢▢▢▢▢▢ to the store?

가게로 가는 가장 짧은 _____이 어떤 거니?

③ Look at the ▢▢▢▢▢. It says "watch out".

저 _____을 봐. '조심해'라고 쓰여 있어.

④ We have to change our ▢▢▢▢▢▢ again.

우리는 _____를 다시 바꿔야 한다.

⑤ The ▢▢▢▢▢ was cleaned with some water.

_____는 물로 청소되었다.

| way | bus stop | sign | address | sidewalk |

E 힌트를 보고 알파벳을 따라가면서 알맞은 단어를 찾아 동그라미 하세요.

① ELWKELTPSLDKSTRAIGHTAWLEOTPOKTLQLKPOI

② LKSDJFGPOIWJETOPIWUETCROSSWALKIOWLEJ

③ ALSKDJWPEORILWKTJSTREETPSLDKFJWETPOIX

④ SKGDJBRIDGEFGLWKJOGFILXKVMATPOIPGIOI

| 힌트 | 1. 곧바로 | 2. 건널목 |
| | 3. 거리 | 4. 다리 |

195

45 가격 묻기

Asking Price

MP3 89

list price

[list prais] 리스트 프라이스

명 정가

I bought a computer for the list price.
나는 정가로 컴퓨터를 샀다.

cost

[kɔːst] 코스트

동 비용이 들다 명 비용

These books cost me 30 dollars.
이 책들을 사는 데 30달러가 들었다.

discount

[dískaunt] 디스카운트

명 할인

I bought a bag at a good discount.
나는 가방을 좋은 할인가격에 샀다.

rip off

[rip ɔːf] 립 어프

숙 바가지 쓰다

Was I just ripped off?
나 방금 바가지 쓴 거니?

expensive

[ikspénsiv] 익스펜씨v브

형 비싼

Your watch is so expensive.
네 시계는 정말 비싸구나.

bargain

[báːrgən] 바아건

명 싼 물건, 특가품; 거래, 매매

It is a real bargain!
정말 싸네요!

save

[seiv] 쎄이브

동 절약하다

A car will save your time.
차가 시간을 절약해 줄 거야.

pay for

[pei fɔːr] 페이 f퍼r

숙 ~을 지불하다

How much did you pay for the notebook?
너 공책 사는 데 얼마 들었니?

credit card

[krédit kɑːrd]
크레딧 카아드

명 신용카드

My mom never uses a credit card.
우리 엄마는 절대 신용카드를 사용하지 않는다.

refund

[ríːfʌnd]r리펀드

동 환불하다   명 환불

I would like to get a refund on this.
이거 환불하고 싶은데요.

return

[ritə́ːrn]r리터r언

동 반환하다, 돌려주다

I need to return this book.
저 이 책 반품해야겠는데요.

receipt

[risíːt]r리씨잇

명 영수증

Here is your receipt.
여기 영수증 있습니다.

retail price

[ríːteil prais]
r리테일 프라이스

명 소매가격

The retail price for this lamp is 80 dollars.
이 램프의 소매가격은 80달러입니다.

on sale

[ɑn seil]언 쎄일

형 할인 중의

Is this on sale?
이거 할인 중인가요?

MP3 89

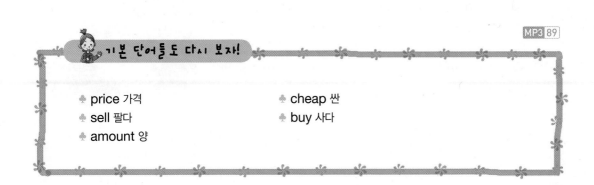

기본 단어들도 다시 보자!

♣ price 가격   ♣ cheap 싼
♣ sell 팔다   ♣ buy 사다
♣ amount 양

A 우리말로 뜻을 써 보세요.

① on sale ② cost

③ save ④ rip off

⑤ refund ⑥ pay for

⑦ list price ⑧ credit card

⑨ retail price ⑩ bargain

B CD를 듣고 들려 주는 단어를 찾아 동그라미 하세요. MP3 90

① a. save b. cost c. refund

② a. rip off b. receipt c. list price

③ a. credit card b. pay for c. bargain

④ a. return b. discount c. expensive

⑤ a. list price b. save c. pay for

C 빈칸 앞 첫 글자를 힌트로 해서 문장을 완성하세요.

① How much did your new telephone c　　　　 you?
새로 산 전화기는 얼마 들었니?

② Isn't that television too e　　　　?
그 텔레비전 너무 비싼 거 아니야?

③ What is the l　　　 p　　　 for this desk?
이 책상의 정가가 얼마인가요?

④ I think you were r　　　 o　　　 at the store.
가게에서 너 바가지 쓴 것 같아.

D CD를 듣고 알맞은 단어를 골라 영어 문장과 우리말 문장을 완성하세요. 　　　MP3 90

① I want to see a monitor ▢▢▢▢▢▢ .

저는 _____ 모니터를 보고 싶은데요.

② My father ▢▢▢▢▢ 100 dollars ▢▢▢▢▢▢ this suit.

아빠는 이 양복을 사시는 데 100달러를 _____.

③ I wonder how much the ▢▢▢▢▢▢ for the bed is.

나는 그 침대의 _____ 이 얼마인지 궁금해.

④ How's the ▢▢▢▢▢ going?

_____ 가 어떻게 되어가니?

⑤ Can I get a ▢▢▢▢▢▢ on this coat?

이 코드 _____ 받을 수 있을까요?

| refund | on sale | bargain | retail price | paid, for |

E 힌트를 보고 알맞은 단어를 찾아서 동그라미 하세요.

h	e	x	p	e	n	s	i	v	e
r	w	g	t	h	u	i	o	q	d
e	r	u	e	f	g	b	h	n	a
t	t	f	w	t	g	s	a	v	e
u	s	g	h	j	j	a	a	c	f
r	r	r	e	c	e	i	p	t	d
n	t	j	k	f	a	f	s	g	d
r	f	j	e	y	u	r	u	e	r

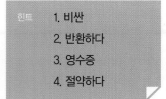

힌트
1. 비싼
2. 반환하다
3. 영수증
4. 절약하다

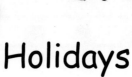

46 휴일

Holidays

holiday
[hάlədèi] 할러데이

명 휴일, 공휴일

Isn't this coming Tuesday a holiday?
이번 화요일이 공휴일 아니니?

---

hold
[hould] 호울드

동 개최하다, 열다

We are going to hold a ceremony for this holiday.
우리는 이 공휴일을 위한 기념식을 열 것입니다.

---

make arrangements for
[meik əréindʒmənts fɔːr]
메익 어레인쥐먼츠 f퍼r

표 ~을 위해 준비하다

Would you help me with making arrangements for the party?
파티 준비 하는 것 좀 도와주겠니?

New Year's Day
[nju: jiərz dei] 뉴 이어즈 데이

명 설날

Do you visit your grandmother's on New Year's Day?
너는 설날에 할머니 집에 가니?

Children's Day
[tʃíldrənz dei] 췰드런스 데이

명 어린이날

I love to go to the amusement park on Children's Day.
나는 어린이날 놀이동산에 가는 걸 좋아해.

Memorial Day
[mimɔ́ːriəl dei]
미모어리얼 데이

명 현충일

June 6th is Memorial Day in Korea.
한국에서는 6월 6일이 현충일이다.

Labor Day
[léibər dei] 레이버r 데이

명 근로자의 날

Students go to school even on Labor Day.
학생들은 근로자의 날에도 학교에 간다.

Thanksgiving Day

[θǽŋksgívɪŋ dei] 땡스기빙 데이

몡 추수감사절

Thanksgiving Day is one of the biggest holidays in America.

추수감사절은 미국에서 가장 큰 명절 중 하나다.

respect

[rispékt] ㄹ리스펙트

동 존경하다, 존중하다

People should respect their ancestors.

사람들은 그들의 조상을 존경해야 한다.

national flag

[nǽʃənəl flǽg] 내셔널 f플래그

몡 국기

What does Germany's national flag look like?

독일 국기는 어떻게 생겼니?

Valentine's Day

[vǽləntàinz dei]
밸런타인즈 데이

몡 밸런타인 데이

Chocolate is sold out on Valentine's Day.

밸런타인 데이에는 초콜릿이 다 팔린다.

foundation

[faundéiʃən] f파운데이션

몡 창설, 창건, 근거, 기초

Do you know the foundation of your country?

네 나라의 기초를 알고 있니?

celebration

[sèləbréiʃən] 쎌러브레이션

몡 축하, 의식

A wedding is a special celebration for a couple.

결혼식은 부부에게 특별한 의식이다.

MP3 91

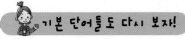
기본 단어들도 다시 보자!

- ♣ never forget 절대 잊지 않다
- ♣ every year 매년
- ♣ hope 희망, 바라다
- ♣ memory 기억, 추억
- ♣ wish 소원, 바라다
- ♣ Christmas 크리스마스

A 우리말로 뜻을 써 보세요.

① national fag   ② holiday

③ New Year's Day   ④ hold

⑤ respect   ⑥ make arrangements for

⑦ Labor Day   ⑧ foundation

⑨ Thanksgiving Day   ⑩ celebration

B CD를 듣고 들려 주는 단어를 찾아 동그라미 하세요.　　　　　MP3 92

① a. Memorial Day   b. holiday   c. Labor Day

② a. hold   b. celebration   c. respect

③ a. holiday   b. national flag   c. Children's Day

④ a. national flag   b. Thanksgiving Day   c. foundation

⑤ a. Valentine's Day   b. Labor Day   c. New year's Day

C 빈칸 앞 첫 글자를 힌트로 해서 문장을 완성하세요.

① On N   Y   D   , I had a party with my friends.
설날에 나는 친구들과 파티를 했다.

② You should r   your parents.
너는 부모님을 존경해야 한다.

③ People think about a war on M   D   .
사람들은 현충일에 전쟁에 대해 생각한다.

④ My grandmother m   a   f   a family gathering every Sunday.
우리 할머니는 일요일마다 가족 모임을 준비하신다.

▷ CD를 듣고 알맞은 단어를 골라 영어 문장과 우리말 문장을 완성하세요. MP3 92

① What date is ▢▢▢▢ ?

_____은 며칠인가요?

② My family put up the ▢▢▢▢ today.

우리 가족은 오늘 _____를 게양했다.

③ Do you have ▢▢▢▢ in your country?

너희 나라에는 _____이 있니?

④ Employees have a ▢▢▢▢ on ▢▢▢▢ .

고용인들은 _____에 _____를 갖는다.

⑤ We are going to do some ▢▢▢▢ for our team victory.

우리는 우리 팀의 승리를 _____할 것이다.

| Memorial Day | holiday | national flag |
| Labor Day | celebration | Children's Day |

Ε 힌트를 보고 빈칸에 알맞은 단어를 넣으세요.

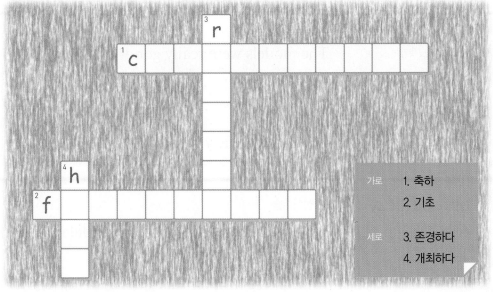

가로   1. 축하
　　　 2. 기초

세로   3. 존경하다
　　　 4. 개최하다

47 외모 Appearance

appearance
[əpíərəns] 어피어r런스

명 외모

They compared our appearance.
그들은 우리의 외모를 비교했다.

attractive
[ətrǽktiv] 어트r랙티브

형 매력적인

She is a very attractive woman.
그녀는 아주 매력적인 여자다.

handsome
[hǽnsəm] 핸썸

형 잘생긴

Isn't he the most handsome man in the company?
그가 회사에서 가장 잘생기지 않았니?

odd
[ɑd] 아드

형 색다른, 이상한

Our new teacher is a little bit odd.
새로 오신 우리 선생님은 좀 이상해.

resemble
[rizémbəl] 리젬블

동 닮다

The baby resembles her father very much.
그 아기는 아빠를 꼭 닮았다.

good-looking
[gudlúkiŋ] 굿루킹

형 잘생긴, 아름다운

The models were really good-looking.
그 모델들은 정말 잘생겼더라.

ordinary
[ɔ́:rdənèri] 오어r드네리

형 평범한

I like an ordinary man.
나는 평범한 남자가 좋다.

plastic surgery
[plǽstik sə́:rdʒəri]
플래스틱 써어r저리

명 성형수술

Plastic surgery is getting more popular in Korea.
성형수술이 한국에서 더 인기가 많아지고 있다.

chubby

[tʃʌ́bi] 처비

형 통통한

Look at the chubby baby over there!

저기 통통한 아기 좀 봐!

charming

[tʃɑ́ːrmiŋ] 챠아r밍

형 매력적인, 애교 있는

She looked charming and smart.

그녀는 매력적이고 똑똑해 보였다.

makeup

[meikʌp] 메이컵

명 화장

Did you put on makeup today?

오늘 화장했니?

overweight

[óuvərwèit] 오우바r웨잇

형 과체중의, 과체중인

Being overweight is bad for your body.

과체중인 것은 네 몸에 좋지 않아.

stay in shape

[stei in ʃeip] 스테이 인 쉐입

표 몸매를 유지하다

It is very hard for people to stay in shape when they get older.

사람들은 나이를 먹을수록 몸매를 유지하는 것이 어렵다.

lose weight

[luːz weit] 루즈 웨잇

표 체중을 감량하다, 살 빼다

Didn't you lose weight recently?

최근에 살 빠지지 않았니?

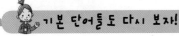

MP3 93

기본 단어들도 다시 보자!

- ♣ heavy 무거운
- ♠ pretty 예쁜
- ♣ beautiful 아름다운
- ♣ light 가벼운
- ♣ ugly 미운, 못생긴

A 우리말로 뜻을 써 보세요.

① lose weight　　　　　　② odd

③ resemble　　　　　　　④ makeup

⑤ ordinary　　　　　　　⑥ stay in shape

⑦ good-looking　　　　　⑧ charming

⑨ chubby　　　　　　　⑩ plastic surgery

B CD를 듣고 들려 주는 단어를 찾아 동그라미 하세요.　　　　MP3 94

① a. chubby　　　　　b. odd　　　　　　c. charming

② a. resemble　　　　b. overweight　　c. appearance

③ a. good-looking　　b. makeup　　　　c. handsome

④ a. attractive　　　　b. plastic surgery　c. lose weight

⑤ a. ordinary　　　　b. overweight　　c. stay in shape

C 빈칸 앞 첫 글자를 힌트로 해서 문장을 완성하세요.

① How much does your brother r_____ you?
네 동생은 너랑 얼마나 닮았니?

② I don't care about people's a_____.
나는 사람들의 외모를 신경 쓰지 않는다.

③ Who is this h_____ man next to you?
네 옆에 있는 이 잘생긴 남자는 누구니?

④ She seems an o_____ country girl.
그녀는 평범한 시골처녀처럼 보인다.

D CD를 듣고 알맞은 단어를 골라 영어 문장과 우리말 문장을 완성하세요. MP3 94

① Is that ▢▢▢▢▢ lady your big sister?

저 _____ 여자가 너희 큰언니니?

② My uncle is a little bit ▢▢▢▢▢ .

우리 삼촌은 약간 _____이다.

③ Aren't you scared of ▢▢▢▢▢ ?

너는 _____이 무섭지 않니?

④ There is a very ▢▢▢▢▢ man in the park.

공원에 정말 _____ 남자 한 명이 있다.

⑤ Do you know how to ▢▢▢▢▢ ?

어떻게 _____ 아니?

| odd | overweight | charming | plastic surgery | lose weight |

E 힌트를 보고 길을 따라가면서 알맞은 단어를 찾아 동그라미 하세요.

① SKEJTSKEITOLKDGPRESEMBLEPDLWOTPLSODK

② RKTOWPRLTOWKXMNSLKDOICHUBBYPGWKEOTP

③ ATATTRACTIVEDERLSOERPYLSDKGIKWORLGXKS

④ FLFLGWPGKHANDSOMEROGOSSKDOTPWKXJUX

| 힌트 | 1. 닮다 | 2. 통통한 |
| | 3. 매력적인 | 4. 잘생긴 |

207

48 맛

Taste

MP3 95

---

flavor
[fléivər] f플레이버r

명 맛, 풍미

The main dish had no flavor at all.
그 주요리는 아무 맛이 없었다.

---

spicy
[spáisi] 스파이씨

형 매운, 맛이 강한

I hate spicy foods.
나는 매운 음식은 싫어.

---

tough
[tʌf] 터프

형 질긴

Isn't this beef steak tough?
이 비프 스테이크 질기지 않니?

---

tasteless
[téistlis] 테이스틀리스

형 맛없는

I had tasteless food at my friend's house.
나는 친구 집에서 맛없는 음식을 먹었다.

---

crispy
[krspi] 크리스피

형 바삭바삭한

This doughnut is so crispy.
이 도넛는 정말 바삭바삭하다.

---

sugary
[ʃúgəri] 슈거리

형 (맛이) 단

Don't eat any sugary snacks at night.
밤에는 단 간식은 먹지 마라.

---

raw
[rɔ:] r러어

형 날 것의

I've never had raw fish before.
나는 한번도 회를 먹어 본 적이 없다.

---

oily
[ɔ́ili] 오일리

형 기름진

You'd better not eat too much oily food.
기름진 음식은 너무 많이 먹지 않는 게 좋다.

water
[wɔ́:tər] 워터r

동 군침이 돌다

It smells good. My mouth is watering.
냄새가 좋다. 군침이 돌고 있다니까.

tasty
[téisti] 테이스티

형 맛있는

The noodles were very tasty.
그 국수는 정말 맛있었어.

stale
[steil] 스테일

형 신선하지 않은, 상한

Can you tell me whether it is stale or not?
그게 신선한지 아닌지 말해 줄 수 있니?

disgusting
[disgʌ́stiŋ] 디스거스팅

형 역겨운

I can't stand the disgusting food any more.
나는 그 메스꺼운 음식은 더 이상 못 참겠어.

flat
[flæt] f플랫

형 밋밋한, 맛이 없는

Give me one example of food with a flat taste.
밋밋한 맛의 음식 예를 하나 들어 봐.

sense of taste
[sens ɑv teist]
쎈스 어브 테이스트

명 미각

Can you define the sense of taste?
너는 미각에 대해 정의를 내릴 수 있니?

MP3 95

기본 단어들도 다시 보자!

♣ taste 맛   ♣ salty 짠   ♣ hot 매운
♣ light 담백한   ♣ mild 부드러운   ♣ bitter 쓴
♣ sweet 달콤한

A 우리말로 뜻을 써 보세요.

① flat

② spicy

③ sugary

④ flavor

⑤ water

⑥ disgusting

⑦ tasteless

⑧ raw

⑨ stale

⑩ oily

B CD를 듣고 들려 주는 단어를 찾아 동그라미 하세요.　MP3 96

① a. tough　　　b. raw　　　c. water

② a. flavor　　　b. tasty　　　c. crispy

③ a. flat　　　b. disgusting　　　c. spicy

④ a. tasteless　　　b. oily　　　c. stale

⑤ a. raw　　　b. spicy　　　c. sugary

C 빈칸 앞 첫 글자를 힌트로 해서 문장을 완성하세요.

① My mom never buys r_____ fish.
우리 엄마는 절대 날 생선을 사지 않으신다.

② This restaurant never serves t_____ meat.
이 식당은 절대 질긴 고기를 내놓지 않아.

③ Do not eat s_____ food in the summer.
여름에는 상한 음식을 먹지 마라.

④ S_____ food can hurt your stomach.
매운 음식은 위를 상하게 할 수 있다.

D CD를 듣고 알맞은 단어를 골라 영어 문장과 우리말 문장을 완성하세요. MP3 96

① I think the spaghetti is very _____ .

나는 스파게티가 아주 _____ 거 같은데.

② There were a lot of _____ foods in the box.

상자 안에 _____ 음식이 많이 있었다.

③ The dog's mouth was _____ when I showed it some meat.

내가 고기를 보여주자 강아지 입에서 _____ .

④ Do you like to have _____ chicken?

_____ 닭 먹을래?

⑤ What _____ of ice-cream do you want?

어떤 _____의 아이스크림 원하니?

disgusting   watering   tasteless   flavor   crispy

E 힌트를 보고 알맞은 단어를 찾아서 동그라미 하세요.

d	g	h	y	j	m	j	h	e	r
g	s	p	i	c	y	g	y	h	o
u	k	i	p	a	c	d	f	v	i
e	t	y	u	w	g	h	l	j	l
p	q	d	e	v	g	h	a	m	y
u	i	o	a	w	d	r	t	f	h
t	u	e	t	b	h	k	u	o	p
w	s	u	g	a	r	y	d	f	g

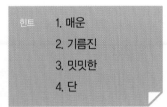

힌트   1. 매운
2. 기름진
3. 밋밋한
4. 단

49 달력

Calendar

MP3 97

calendar
[kǽlindər] 캘린더r

명 달력

I cannot find a calendar in your room.
너희 방에서 달력을 찾을 수가 없구나.

January
[dʒǽnjuèri] 쟤뉴어리

명 1월

January is the first month of the year.
1월은 1년 중 첫 번째 달이다.

February
[fébruèri] f페브루에리

명 2월

It is still cold in February.
2월에는 여전히 춥다.

March
[mɑːrtʃ] 마아r취

명 3월

My birthday is in March.
내 생일은 3월에 있어.

April
[éiprəl] 에이프럴

명 4월

There is no holiday in April.
4월에는 공휴일이 없다.

May
[mei] 메이

명 5월

You can see many flowers and green grass in May.
5월에는 많은 꽃들과 푸른 잔디를 볼 수 있다.

June
[dʒuːn] 쥬운

명 6월

My favorite month is June.
내가 가장 좋아하는 달은 6월이다.

July
[dʒuːlái] 쥬울라이

명 7월

Summers start from July.
여름은 7월부터 시작한다.

August
[ɔ́ːgəst] 어거스트

图 8월

Many people go on a vacation in August.
많은 사람들이 8월에 휴가를 간다.

September
[septémbər] 쎕템버r

图 9월

Which month comes after September?
9월 다음에 어떤 달이 오나요?

October
[ɑktóubər] 악토우버r

图 10월

The weather is getting cold in October.
10월에는 날씨가 추워진다.

November
[nouvémbər] 노벰버r

图 11월

Thanksgiving Day is in November.
추수감사절은 11월에 있다.

December
[disémbər] 디쎔버r

图 12월

December is the last month of the year.
12월은 1년 중 마지막 달이다.

lunar calendar
[lúːnər kǽlindər]
루우너r 캘린더r

图 음력

My family can live without a lunar calendar at home.
우리 가족은 집에 음력달력이 없어도 살 수 있다.

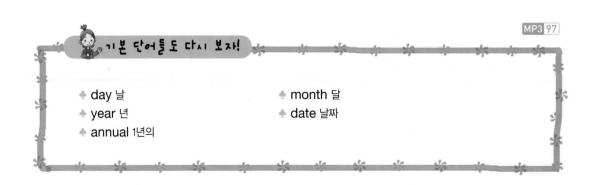

기본 단어들도 다시 보자!

MP3 97

- ♣ day 날
- ♣ year 년
- ♣ annual 1년의
- ♣ month 달
- ♣ date 날짜

A 우리말로 뜻을 써 보세요.

① February ⬭⬭⬭⬭⬭　② May ⬭⬭⬭⬭⬭

③ October ⬭⬭⬭⬭⬭　④ July ⬭⬭⬭⬭⬭

⑤ January ⬭⬭⬭⬭⬭　⑥ December ⬭⬭⬭⬭⬭

⑦ June ⬭⬭⬭⬭⬭　⑧ August ⬭⬭⬭⬭⬭

⑨ lunar calendar ⬭⬭⬭⬭⬭　⑩ March ⬭⬭⬭⬭⬭

B CD를 듣고 들려 주는 단어를 찾아 동그라미 하세요.

MP3 98

① a. calendar　　b. August　　c. July

② a. January　　b. March　　c. December

③ a. August　　b. February　　c. June

④ a. lunar calendar　　b. November　　c. April

⑤ a. July　　b. May　　c. March

C 빈칸 앞 첫 글자를 힌트로 해서 문장을 완성하세요.

① I want to go to the amusement park in D ⬭⬭⬭⬭⬭.

나는 12월에 놀이동산에 가고 싶다.

② My mom was born in N ⬭⬭⬭⬭⬭, 1950.

우리 엄마는 1950년 11월에 태어나셨다.

③ There are thirty days in A ⬭⬭⬭⬭⬭.

4월에는 30일이 있다.

④ My family usually goes to the beach in A ⬭⬭⬭⬭⬭.

우리 가족은 보통 8월에 바닷가에 간다.

D   CD를 듣고 알맞은 단어를 골라 영어 문장과 우리말 문장을 완성하세요.   MP3 98

① Suddenly, it starts snowing in _____.

갑자기 _____에 눈이 오네.

② Our winter break finishes in _____.

우리 겨울 방학은 _____에 끝난다.

③ How's the weather in _____?

_____에는 날씨가 어떠니?

④ Do you have a _____ in your room?

네 방에 _____ 있니?

⑤ My birthday is _____ 26th.

내 생일은 _____ 26일이다.

| lunar calendar | January | May | October | July |

E   힌트를 보고 빈칸에 알맞은 단어를 넣으세요.

가로   1. 12월
       2. 3월

세로   3. 6월
       4. 2월

50 음식주문

Ordering Foods

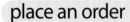

place an order
[pleis ən ɔ́:rdər]
플레이스 언 오어r더r

표 주문하다
Can I place an order now?
지금 주문해도 될까요?

---

wine
[wain]와인

명 포도주
There is a very expensive wine in our basement.
우리 집 지하실에 아주 비싼 포도주가 있다.

---

beverage
[bévəridʒ] 베브리쥐

명 음료수
Are you ready to order your beverage?
음료수 시키시겠습니까?

---

buffet
[bəféi] 버f페이

명 뷔페
Do you have a buffet in your hotel?
호텔에 뷔페도 있나요?

---

waiter / waitress
[wéitər] / [wéitris]
웨이터r / 웨이트r리스

명 웨이터 / 웨이트리스
The waiters and waitresses were so nice.
웨이터와 웨이트리스들은 정말 친절했다.

---

meal
[mi:l] 미일

명 식사, 끼니
My mom makes a meal for us every day.
엄마는 우리들에게 매일 식사를 차려 주신다.

---

salt and pepper
[sɔ:lt ænd pépər]
썰트 앤 페퍼r

명 소금과 후추
The salt and pepper is at the end of the table.
소금과 후추가 테이블 끝에 있어.

---

special menu
[spéʃəl ménju:]스페셜 메뉴

명 특별요리
Chicken soup is a special menu for today.
닭 수프가 오늘의 특별요리입니다.

non-smoking seat
[nɑn smóukiŋ siːt]
넌 스모킹 씨잇

명 금연석

There are no more non-smoking seats left.
남은 금연석이 없는데요.

bill
[bil] 빌

명 계산서

Can I have the bill now?
지금 계산서 좀 주실래요?

cash or charge
[kæʃ ɔːr tʃɑːrdʒ]
캐쉬 오r어 차아r쥐

부 현금과 카드 중에

Would you like to pay cash or charge?
현금으로 하시겠습니까, 신용카드로 하시겠습니까?

appetizer
[æpətàizer] 애퍼타이저r

명 식욕을 돋우는 것, 전채 요리

I'd like a green salad for an appetizer.
전채 요리로 채소 샐러드를 먹겠어요.

decide
[disáid] 디싸이드

동 결정하다

Have you decided yet?
아직 결정하지 않았나요?

dessert
[dizə́ːrt] 디저어r트

명 디저트

I had an ice-cream for dessert.
나는 후식으로 아이스크림을 먹었다.

MP3 99

 기본 단어들도 다시 보자!

- ♣ order 주문하다
- ♣ food 음식
- ♣ water 물
- ♣ menu 메뉴
- ♣ delicious 맛있는

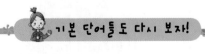

A 우리말로 뜻을 써 보세요.

① dessert ② buffet

③ non-smoking seat ④ bill

⑤ wine ⑥ waiter

⑦ special menu ⑧ beverage

⑨ cash or charge ⑩ decide

B CD를 듣고 들려 주는 단어를 찾아 동그라미 하세요. MP3 100

① a. meal b. wine c. place an order

② a. salt and pepper b. appetizer c. beverage

③ a. meal b. special menu c. bill

④ a. waiter b. buffet c. dessert

⑤ a. wine b. non-smoking seat c. decide

C 빈칸 앞 첫 글자를 힌트로 해서 문장을 완성하세요.

① **I'd like to order** b_____ **first.**
음료수 먼저 시키겠습니다.

② **Please pass me the** s_____ **and** p_____.
소금과 후추 좀 건네 주세요.

③ **What is today's** s_____ m_____?
오늘의 특별요리가 뭔가요?

④ **We will have the** b_____.
우리는 뷔페로 먹겠습니다.

D CD를 듣고 알맞은 단어를 골라 영어 문장과 우리말 문장을 완성하세요. `MP3 100`

① I'd like a _____, please.

_____으로 부탁드립니다.

② _____?

_____ 어느 것으로 내시겠습니까?

③ What kind of _____ does your father drink?

너희 아버지는 어떤 종류의 _____를 마시니?

④ Can you _____ without your mom?

너는 엄마가 없어도 _____ 수 있니?

⑤ How many _____ does a lion eat a day?

사자는 하루에 몇 _____나 먹나요?

place an order	Cash or charge	wine
non-smoking seat	meals	

E 힌트를 보고 알파벳을 따라가면서 알맞은 단어를 찾아 동그라미 하세요.

① EKTIWPWMEKTRIODWEJRDECIDEOIJSLDKJFPWO

② KRLYPDFLTRBILLSDKQOTQLKWJRPOIASDFJKHH

③ SMDKROQIAPPETIZEROWOEIRUSKDJFHXCKV

④ LDFKGJBEVERAGEFSLDKWEOIRSLDKJFLSAKFJ

힌트	1. 결정하다	2. 계산서
	3. 전채 요리	4. 음료수

01 | 가족 Family

A.

① 여자조카   ② 남자조카
③ 딸   ④ 할아버지, 할머니
⑤ 손자, 손녀   ⑥ 결혼하다
⑦ 친척   ⑧ 증조할아버지
⑨ 사촌   ⑩ 매형, 매부, 처남, 시숙

B.

① b. grandfather   ② c. grandchild
③ b. look alike   ④ c. nephew
⑤ b. mother

C.

① son   ② grandfather
③ cousin   ④ grandchildren

D.

① great-grandmother 증조할머니
② get married 결혼할 것이다
③ nephew 남자조카
④ cousin 사촌
⑤ niece 여자조카

E.

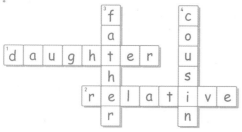

02 | 집 House

(20쪽)

A.

① 뒤뜰   ② 수리하다
③ 사다리   ④ 지붕
⑤ ~로 이사하다   ⑥ 욕실
⑦ 차고   ⑧ 팔려고 내놓은
⑨ 발코니   ⑩ 울타리

B.

① b. home   ② c. repair
③ a. backyard   ④ c. chimney
⑤ a. move to

C.

① bathtub   ② porch
③ garage   ④ ladder

D.

① porch 현관   ② garage 차고
③ repair 수리하기   ④ floor 바닥
⑤ on the marke 팔기 위해

E.

① SJEKTLWMYWJYMWKYFENCELWOYMWUSOLAM
② QUAOEMTKYUWKWLLADDERRWIEOTJKTLWJDN
③ XMWJTPBACKYARDDJEITKWLYQKEITOSPFJXNF
④ WKEITOSPDLTIWQPOXMROOFNWKERIYPWEREN

03 | 내 방 물건들
Things in My Room

(24쪽)

A.

① 램프   ② 전화기
③ 꽃병   ④ 거울
⑤ 옷장   ⑥ 끄다, 잠그다
⑦ 서랍   ⑧ 닫다
⑨ 베개   ⑩ 사진, 그림

B.

① b. mirror   ② a. blanket
③ a. turn on   ④ c. drawer
⑤ b. shut

C.

① picture   ② drawer
③ blanket   ④ turn off

D.

① closet 옷장   ② shut 닫는다
③ pillow 베개   ④ turn on 불 좀 켜
⑤ lamp 램프

E.

m	p	r	b	c	b	d	h
m	y	e	l	i	p	f	d
b	s	v	a	s	e	g	i
s	u	t	n	e	r	m	i
h	e	e	k	b	l	c	t
u	e	t	e	q	t	j	h
t	l	l	t	r	i	u	p
n	c	l	o	s	e	t	i

04 | 신체 Body Parts

(28쪽)

A.

① 운동하다   ② 겨드랑이
③ 기분이 좋다   ④ 손바닥
⑤ 가슴   ⑥ 발바닥
⑦ 체중 감량을 하다   ⑧ 넓적다리
⑨ 가슴   ⑩ 상체

B.

① c. toenail   ② b. physical checkup
③ c. armpit   ④ b. sole
⑤ c. feel well

C.

① palm   ② go, diet
③ armpits   ④ exercise

D.

① physical checkup 신체검사
② waist 허리
③ sound body 건강한 신체
④ feel well 기분이 좋지
⑤ chest 가슴

E.

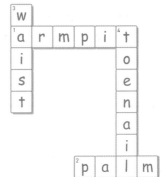

05 | 건강 및 증상 (32쪽)
Health & Symptoms

A.
① 두통   ② 약한
③ 건강한   ④ 낫다
⑤ 삐다   ⑥ 알약
⑦ 멍   ⑧ 진찰을 받다
⑨ 열   ⑩ 약

B.
① a. weak   ② c. stomachache
③ b. flu   ④ c. toothache
⑤ a. healthy

C.
① flu   ② strong
③ sprained   ④ see, doctor

D.
① medicine 약   ② bruise 멍
③ healthy 건강한
④ see a doctor 진찰을 받아
⑤ get better 나을

E.
① WEKAELOPSNKEARAHSFEVERPLVESIURERFEW
② ROSTLKSTOMACHACHEPLSNQIUSKAEPIFRPDAI
③ YEFEBERPLADBRUISEDOPBUIRSAQWZLDFJABD
④ YEUSIFJLSPEUFKLGMSTRONGPELSTRONHKGE

06 | 스포츠 Sports (36쪽)

A.
① 수영하다   ② 스쿼시
③ 조깅하다   ④ 에어로빅
⑤ 스케이트보드   ⑥ 운동하다
⑦ 줄넘기   ⑧ 서핑
⑨ 체조   ⑩ 스케이트

B.
① b. handball   ② a. favorite
③ b. swim   ④ a. jump rope
⑤ b. surfing

C.
① squash   ② skating
③ goes jogging   ④ swimming

D.
① surfing 서핑   ② jump rope 줄넘기
③ handball 핸드볼   ④ favorite 가장 좋아하는 것
⑤ Aerobics 에어로빅

E.

f	r	h	e	s	u	s	i	l	p
a	c	d	m	q	n	k	d	k	h
t	m	y	e	u	i	a	f	l	d
g	y	m	n	a	s	t	i	c	s
j	w	z	c	s	u	e	a	i	i
g	e	h	v	h	j	n	y	i	o
o	r	e	t	e	q	g	j	r	h
s	a	e	r	o	b	i	c	s	p

A.

① 질투하는	② 우울한
③ 창피한	④ 신난
⑤ 초조한	⑥ 걱정스러운
⑦ 지루한	⑧ ~하고 싶다
⑨ 우울한	⑩ 무서워하는

B.

① c. bored	② a. nervous
③ b. blue	④ c. embarrassed
⑤ b. scared	

C.

① scared	② shy
③ blue	④ worried

D.

① get angry 화가 난	② curious 궁금했
③ nervous 초조하게	④ excited 흥분하
⑤ jealous 질투가 났	

E.

```
    3
    b
 1
 h o p e f u l
    r
 2
 j e a l o u 4s
    d         h
              y
```

A.

① 저리다	② 예민한
③ 민감한	④ 시력을 잃다
⑤ 미각	⑥ 균형감각
⑦ 감각을 잃은	⑧ 청각
⑨ 청각을 잃다	⑩ 감각

B.

① c. sense	② b. taste
③ a. sensitive	④ c. go to sleep
⑤ c. insensitive	

C.

① went blind	② keen
③ going to sleep	④ dull

D.

① tasting 맛을 보기	② goes deaf 청각을 잃은
③ keen 예민한	④ sensitive 민감하
⑤ sense of balance 균형감각	

E.

① SLKJFPOWELTSOSENSEUWEIEOSNVLWLQPETY

② QKEOTPSKEUXJCMKGOWPTOUCHTQKEITPZKJG

③ XNFMWEOTPNUMBEXLDMEOTPQJTIEOPDSKHIL

④ ZMDJWOTPSAKGLWUTLSMFGHEARINGWXZJRTS

09 | 성격 Character
(48쪽)

A.
① 이기적인　　② 외향적인
③ 침착한　　④ 부정적인
⑤ 활동적인　　⑥ 사이좋게 지내다
⑦ 사랑스러운　　⑧ 사려 깊은
⑨ 까다로운　　⑩ 못된

B.
① a. positive　　② b. active
③ c. outgoing　　④ a. cheerful
⑤ c. selfish

C.
① lovable　　② complains
③ picky　　④ positive

D.
① outgoing 외향적인
② thoughtful 사려가 깊네요
③ cheerful 명랑한
④ active 활동적
⑤ selfish 이기적

E.

s	r	h	e	s	u	s	i	s	p
t	c	d	m	q	n	k	d	t	h
u	m	p	i	c	k	y	f	e	d
b	y	m	n	a	s	t	i	h	s
b	w	z	a	c	t	i	v	e	i
o	e	h	v	h	j	n	y	o	o
r	r	e	t	e	q	g	j	r	h
n	e	g	a	t	i	v	e	c	p

10 | 집안일 House Chores
(52쪽)

A.
① 진공청소기로 청소하다　　② 똑바로 하다
③ 닦다　　④ 정리하다
⑤ 대걸레로 닦다　　⑥ 치우다
⑦ ~을 없애다　　⑧ 쓸다
⑨ 문지르다　　⑩ 빨래를 하다

B.
① b. scrub　　② b. do the laundry
③ c. dust　　④ a. arrange
⑤ a. get rid of

C.
① sweep　　② tidy
③ vacuums　　④ wipe

D.
① arrange 정리할래
② do the laundry 빨래를 할
③ Scrub 문질러
④ hang the clothes 옷 좀 널어
⑤ irons 다림질한다

E.

(crossword)
- ⁴s
- ²w i p e
- ³v
- ¹a r r a n g e
- ⁴e (s... column: s, w, e, e, p)
- c
- u
- u
- m

11 | 애완동물 Pets (56쪽)

A.

① 잉꼬   ② 열대
③ ~을 돌보다   ④ 거미
⑤ 앵무새   ⑥ 이구아나
⑦ 기니피그   ⑧ 개를 산책시키다
⑨ 딱정벌레   ⑩ 병아리

B.

① a. growl   ② b. chick
③ a. parakeet   ④ a. bathe the dog
⑤ b. beetle

C.

① parrot   ② spider
③ growls   ④ obeys

D.

① tortoise 거북   ② take care of 돌봐야
③ bathe the dog 목욕시켜야
④ beetle 딱정벌레   ⑤ iguanas 이구아나

E.

① PTDASKPARAKEETFGYDIEETPRSALXBNZADG
② JFHSGPRWOLWGROWLCNPSKFRELFJGROPS
③ PSDERSPLKXZNSQEFXKFJSPIDERFLAJPEKA
④ JKERODLSCNFKSLWPOBEYSKQZYDPWKQCA

12 | 가구 Furniture (60쪽)

A.

① 편안한   ② 안락의자
③ 스툴   ④ 가구를 갖추다
⑤ 신발장   ⑥ 골동품의
⑦ 책장   ⑧ 가구를 배치하다
⑨ 식탁   ⑩ 화장대

B.

① c. dresser   ② a. armchair
③ b. wardrobe   ④ a. bookcase
⑤ b. rocking chair

C.

① dining table   ② bookcase
③ armchair   ④ stool

D.

① rocking chair 흔들의자
② furnished 가구가 갖춰져
③ arrange furniture 가구 배치하는
④ comfortable 편하니
⑤ dining table 식탁

E.

e	h	y	w	f	v	n	w	k
p	w	c	f	g	e	b	a	h
f	u	r	n	i	t	u	r	e
s	d	c	v	f	b	g	d	n
a	r	m	c	h	a	i	r	b
e	o	p	a	x	d	c	o	v
e	t	y	u	j	m	d	b	e
r	u	c	a	b	i	n	e	t

13 | 직업 1 Occupations I　(64쪽)

A.

① 군인　② 변호사
③ 대통령　④ 기자
⑤ 건축가　⑥ 경찰관
⑦ 조종사　⑧ 화가, 예술가
⑨ 음악가　⑩ 소방관

B.

① a. president　② b. reporter
③ a. architect　④ c. police officer
⑤ b. scientist

C.

① designer　② police officer
③ astronaut　④ fire fighters

D.

① flight attendant 승무원
② scientist 과학자　③ reporter 기자
④ fire fighter 소방관　⑤ president 대통령

E.

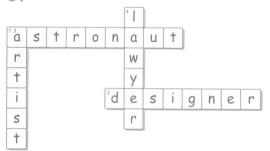

14 | 과목 Subjects　(70쪽)

A.

① 역사　② 과목
③ 음악　④ 국어
⑤ 수업을 받다　⑥ 미술
⑦ 과학　⑧ 태도
⑨ 수학　⑩ 수업

B.

① c. music　② c. social studies
③ b. subject　④ c. mathematics
⑤ c. miss a class

C.

① mathematics　② subject
③ miss, class　④ English

D.

① lesson 수업　② art 미술
③ attend a class 수업에 들어오지
④ subject 과목　⑤ music class 음악 수업

E.

① WKEOTMQKTLUTLQRLYLWLYHISTORYQKEOYTPEK
② QKEWITOWPDKXMDJGKWLRPYLQHSUBJECTQKEO
③ WEKRIQLDEMFIQMATHEMATICSWJEITYOQPDCKFJ
④ QKWEIRTOSMDMCVSJEOTKWENGLISHQKEITOSM)

A.

① 체육관   ② 담임선생님
③ 청소   ④ 교내식당
⑤ 유니폼, 교복   ⑥ 보충수업
⑦ 강당   ⑧ 사물함
⑨ 실험실   ⑩ 학교에 지각하다

B.

① c. cafeteria   ② a. uniform
③ c. auditorium   ④ a. locker
⑤ c. makeup class

C.

① principal   ② late, school
③ uniform   ④ homeroom teacher

D.

① cleanup 청소
② makeup class 보충수업
③ locker 사물함   ④ lab 실
⑤ school picnic 학교 소풍

E.

d	w	d	e	g	t	p	u	j
i	u	n	i	f	o	r	m	c
n	j	p	q	m	w	i	v	g
j	g	y	m	e	g	n	j	w
f	x	g	n	h	k	c	p	q
f	s	e	b	g	n	i	m	k
p	w	f	t	h	y	p	n	h
l	o	c	k	e	r	a	y	i
p	x	v	w	f	g	l	j	u

A.

① 쉬는 시간   ② 화장실 가다
③ 물을 마시다   ④ 간식
⑤ 편히 쉬다   ⑥ 소변 보러 가다
⑦ 쉬는 시간   ⑧ 잠시
⑨ 대변 보러 가다   ⑩ 손 씻다

B.

① c. in a hurry   ② b. break
③ c. wash hands   ④ a. for a while
⑤ b. take it easy

C.

① wash, hands   ② in, hurry
③ taking, nap   ④ drink, water

D.

① take a rest 쉬어라
② drinks, water 물을 마신다
③ recess 쉬는 시간
④ for a while 잠시
⑤ going pee 소변 보러

E.

Crossword:
- 3 down: r e c e s s
- 4 down: b r e a k
- 2 across: r e s t
- 1 across: s n a c k

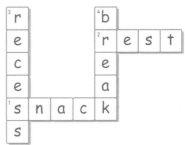

17 | 수업 Class (82쪽)

A.

① 의견   ② 졸다
③ ~을 못하다   ④ 토론
⑤ 수업을 빼먹다   ⑥ 질문
⑦ 발표   ⑧ 이해하다
⑨ 설명하다   ⑩ 표현하다

B.

① c. doze   ② b. be poor at
③ b. question   ④ a. opinion
⑤ b. skip class

C.

① dozing   ② presentation
③ answer   ④ discussion

D.

① am good at 잘 푼다
② explain   설명해 주세요
③ doze 졸지
④ focus on 집중해야
⑤ opinion 의견

E.

① SWJTKWPYKEKYOEXPLAINSWOEKYOWQOYKGM
② QJEWUTIWODKZMGJEXPRESSAQKEITOWPYKSN
③ CMDKGQUESTIONRQJEKTOWPDLFQKEOTPSLDF
④ DJWIEOYPSLHKDJDJUNDERSTANDEWKEITKSOG

18 | 방과 후 After School (86쪽)

A.

① 클럽   ② ~에 속하다
③ 바이올린 클럽   ④ 방과 후
⑤ 활동   ⑥ 학원
⑦ 축구 클럽   ⑧ 독서 클럽
⑨ 가입하다   ⑩ 회원

B.

① c. art club   ② b. join
③ c. belong to   ④ c. academy
⑤ a. basketball club

C.

① music club   ② member
③ activity   ④ after school

D.

① basketball club 농구 클럽
② soccer club 축구 클럽
③ art club 미술 클럽
④ activities 활동들
⑤ join 가입했니

E.

c	e	g	t	u	i	o	p	d	v
g	m	e	m	b	e	r	k	q	f
c	h	n	o	p	q	f	c	b	h
j	w	f	y	n	m	t	l	v	g
j	i	n	a	x	d	t	u	y	u
a	c	a	d	e	m	y	b	y	z
v	b	j	m	k	p	q	e	t	y
g	b	a	c	t	i	v	i	t	y

A.

① 지우다
② ~하려고 노력하다
③ 미리
④ 숙제하다
⑤ 끝내다
⑥ 숙제
⑦ 혼자서
⑧ 제 시간에
⑨ 검사하다
⑩ 제출하다

B.

① b. assignment
② b. research
③ c. in advance
④ b. finish up
⑤ c. erase

C.

① check
② by yourself
③ finish up
④ assignment

D.

① in time 제 시간에
② help 도와줘
③ research 자료 수집을 해야
④ hand in 제출해야
⑤ quickly 급히

E.

¹³a	s	s	i	g	n	m	⁴e	n	t
d							r
v							a
a							s
n							e
c
²c	h	e	c	k

A.

① 부정행위하다
② 결과
③ 잘하다
④ ~을 준비하다
⑤ 스트레스 받다
⑥ 점수
⑦ 시험
⑧ 늦게까지 자지 않다
⑨ 중간고사
⑩ 좋은 성적을 받다

B.

① c. cheat
② b. do well
③ a. pop quiz
④ c. final exam
⑤ b. get stressed

C.

① prepare for
② cheat
③ result
④ stayed up late

D.

① pop quiz 쪽지 시험
② get stressed 스트레스 받았니
③ cheat 부정행위 하는 것
④ Do well 성적 잘 받아
⑤ prepared for 준비했다

E.

① WJEITOSAKDGKLSKFGLRESULTQWOELTSDLFLGH
② SMEJMIDTERMQKEITOADMGLKASMDLAPDSKLSK
③ WKEOTKWMLSEIEWLTWMETGEXAMAKJQWITOWE
④ WLIEKRWEKLKJSGLKJGSCOREADKJFHSKDJAKJS

Making Friends

A.
① 어울려 다니다   ② 학교 친구
③ 나누다   ④ 어린 시절
⑤ 관심   ⑥ 가장 친한 친구
⑦ 비밀을 지키다   ⑧ 반친구
⑨ 관계   ⑩ 단짝 친구

B.
① c. classmate   ② b. hang around
③ c. best friend   ④ c. buddy
⑤ a. make fun of

C.
① interests   ② buddy
③ childhood   ④ make fun of

D.
① be friends with 친구이고
② keep a secret 비밀 지켜 줘
③ buddy 단짝   ④ share 나누어 쓰려
⑤ best friends 가장 친한 친구

E.

m	j	o	p	q	d	v	g	m	j
a	c	h	i	l	d	h	o	o	d
k	c	v	h	n	j	w	r	y	u
e	p	a	c	d	h	a	v	e	r
y	b	g	n	m	j	k	e	f	t
f	r	i	e	n	d	s	h	i	p
n	m	g	k	r	t	n	f	j	u

A.
① 낚시   ② 등산
③ ~을 좋아하다   ④ 뜨개질
⑤ 취미   ⑥ 자전거 타기
⑦ 여행   ⑦ 음악을 감상하다
⑨ 항해   ⑩ 취미를 갖다

B.
① b. collecting stamps ② b. knitting
③ a. cycling
④ a. mountain climbing
⑤ b. fishing

C.
① knitting   ② fond of
③ computer games   ④ pastime

D.
① cycling 자전거 타러
② have, hobby 취미가
③ collecting stamps 우표 수집
④ fishing 낚시하러
⑤ killing time 그냥 시간을 보내야

E.

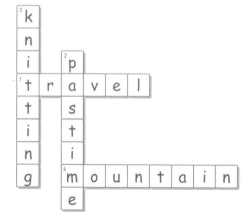

23 | 방학 Vacation (106쪽)

A.
① 보람 없이　　② ~에 흥분되다
③ 여름방학　　④ 휴가로
⑤ 보내다　　⑥ 의미 있는
⑦ 방학숙제　　⑧ 일정, 스케줄
⑨ 여행을 준비하다　　⑩ 방학 계획

B.
① c. spend　　② a. on vacation
③ c. take a vacation　　④ b. schedule
⑤ c. be satisfied with

C.
① in vain　　② winter vacation
③ vacation plan　　④ meaningful

D.
① on vacation 휴가로
② vacation homework 방학 숙제
③ arranges a family trip 가족 여행을 세우신다
④ excited about 흥미를 느낀다
⑤ vacation plan 휴가계획

E.
① WJEKTOQKEOTPSLELSESCHEDULEGQKEOTPAKR
② QKEITOQPTLXLFMVKALTPSPENDPQLEOTPAKXIR
③ QKEOTPWLEITMEANINGFULQWKQWKRLQKXSLR
④ DKAMFKQLKEOTQKEWIROPBREAKQKEIROSTGU

24 | 체육대회 (110쪽)
Athletics Meet

A.
① 연기하다　　② 줄다리기
③ 운동의　　④ 협동정신
⑤ 릴레이　　⑥ 운동회
⑦ 전속력으로　　⑧ 경주
⑨ 경쟁　　⑩ 상

B.
① b. athletic　　② c. postpone
③ c. competition　　④ a. tug of war
⑤ a. prize

C.
① rival　　② race
③ postponed　　④ runner

D.
① at full speed 전속력으로
② competition 시합
③ annual 해마다　　④ tug of war 줄다리기
⑤ team spirit 협동정신

E.

f	d	a	t	h	l	e	t	i	c
r	y	n	f	j	u	w	r	t	u
j	m	r	h	y	o	p	e	c	g
j	p	o	s	t	p	o	n	e	l
m	z	d	v	g	r	h	r	y	u
k	i	e	v	g	i	j	m	k	p
q	e	t	g	y	z	u	n	d	h
r	i	v	a	l	e	f	b	h	n

25 | 소풍 및 견학 Field Trip (114쪽)

A.

① 배낭   ② 견학
③ 운이 좋은   ④ 소풍 가다
⑤ 행사   ⑥ 소풍 장소
⑦ ~을 고대하다   ⑧ 날씨
⑨ 점심을 싸다   ⑩ 소풍

B.

① c. unforgettable   ② b. worry about
③ c. field trip   ④ a. event
⑤ a. look forward to

C.

① backpack   ② excursion
③ look forward   ④ weather

D.

① fortunate 운이 좋구나
② enjoy 즐겼니   ③ field trip 견학
④ event 행사
⑤ unforgettable 잊을 수 없지

E.

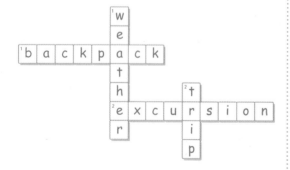

26 | 여행 Travel (118쪽)

A.

① 여행가방   ② 기념품
③ 여행 가다   ④ 여행
⑤ 여권   ⑥ 문화
⑦ 관광   ⑧ 공항
⑨ 잊지 못할   ⑩ ~에서 벗어나다

B.

① c. souvenir   ② b. memorable
③ c. luggage   ④ a. culture
⑤ c. reservation

C.

① suitcases   ② take, trip
③ tour   ④ reservation

D.

① escape from 벗어나고
② journey 여행
③ tourists 관광객들
④ passport 여권
⑤ cultures 문화들

E.

① SDGKWIOEOTPWLKJSLKJDFPASSPORTGWKELTP
② SKELTKJLKJSOUVENIRWIEOTKPOKWQEPRTKQT
③ WLEKTJLKWJETLKAJSLGKJLUGGAGETWLEKJTL
④ WOEITSLKDFJXLKCVPWOETRESERVATIONEELTO

27 | 생일 파티 Birthday Party (122쪽)

A.

① 양초　　　　　　② ~에서 태어나다

③ 소원을 빌다　　　④ 축하하다

⑤ 불어서 끄다　　　⑥ 생일 선물

⑦ 기억하다　　　　⑧ 초대하다

⑨ 받다　　　　　　⑩ 생년월일

B.

① b. celebrate　　　② a. candle

③ a. date of date　　④ b. be born in

⑤ b. blow out

C.

① have, birthday party　② received

③ blow out　　　　　　④ invited

D.

① make a wish 소원을 빈다

② remember 기억

③ candles 양초

④ receive 받았니

⑤ birthday cake 생일 케이크

E.

t	g	c	j	u	p	q	d	e	t
y	g	e	m	a	d	v	r	b	p
q	e	l	e	n	d	k	i	l	a
p	r	e	s	e	n	t	w	o	g
t	i	b	l	a	s	f	b	w	n
j	m	r	t	y	h	b	g	j	k
i	o	a	s	d	r	t	g	i	j
r	g	t	r	i	n	v	i	t	e
v	g	e	f	h	g	n	y	u	i

28 | 하루 일과 Daily Routine (128쪽)

A.

① 일기를 쓰다　　　② 일어나다

③ 이를 닦다　　　　④ 늦잠자다

⑤ 점심시간　　　　⑥ 벗다

⑦ 하루 종일　　　　⑧ 알람을 맞추다

⑨ 새벽에　　　　　⑩ 잠자리에 들다

B.

① c. oversleep　　② a. take off

③ b. keep a diary　④ c. all day long

⑤ c. set the alarm

C.

① keeping, diary　② in the morning

③ take, shower　　④ lunch break

D.

① get up 일어나는 게

② have a bath 목욕하는 걸

③ all day long 하루 종일

④ at dawn 새벽에

⑤ oversleep 늦잠 자지

E.

Across/Down crossword:

- ¹oversleep
- ²morning
- ³shower
- ⁴break

정답 233

29 | 내 물건들 My Things (132쪽)

A.

① 시계　　　　② 안경
③ 스테이플러　④ 계산기
⑤ 모니터　　　⑥ 지갑
⑦ CD 플레이어　⑧ 액자
⑨ 쿠션　　　　⑩ 핸드폰

B.

① c. cell phone　② a. stapler
③ c. monitor　　④ a. clock
⑤ a. cushion

C.

① cell phone　　② wastebasket
③ cusion　　　　④ frame

D.

① cell phone 핸드폰
② CD player CD 플레이어
③ MP3 엠피3
④ monitor 모니터
⑤ notebook computer 노트북 컴퓨터

E.

① SSMERJWKJERJKTWLKEJTFRAMERWKELTOWQP
② WLKELSLIPPERSKELSKDJGAOPWEJTLWELRKTJ
③ WLKEJRPOIQJWRKNXZMNCALCULATORAKJHAT
④ WLKEJTOKYEJTKSPDKXZLGLASSESGEEKROQPW

30 | 옷 Clothes (136쪽)

A.

① 어울리다　　　② 재킷
③ 터틀넥 스웨터　④ 면
⑤ 옷을 입다　　　⑥ 속옷
⑦ 잠옷　　　　　⑧ 턱시도
⑨ 반바지　　　　⑩ 스웨터

B.

① c. cotton　　② a. jumper
③ c. underwear　④ b. fashion
⑤ c. turtleneck

C.

① jacket　　② shorts
③ tuxedo　　④ cardigan

D.

① turtlenecks 터틀넥 스웨터
② go with 어울리는
③ suit 양복
④ underwear 속옷
⑤ pajamas 잠옷

E.

g	f	h	j	u	m	p	e	r	f
n	a	h	w	f	g	y	u	o	f
y	s	h	e	h	y	i	p	t	m
d	h	f	v	g	t	h	e	u	r
u	i	f	j	g	q	s	e	x	f
h	o	h	s	w	e	a	t	e	r
m	n	p	a	s	g	b	h	d	u
i	n	f	h	r	e	g	y	o	j

A.

① 잠시 들르다   ② 방문객
③ 친구가 방문하다   ④ 예의 바른
⑤ 태도   ⑥ 고개 숙여 인사하다
⑦ 들르다   ⑧ 행동하다
⑨ 공식 방문   ⑩ 방문 중인

B.

① c. polite   ② b. come by
③ c. manner   ④ c. courteous
⑤ b. behave

C.

① stopped   ② courteous
③ on, visit   ④ formal visit

D.

① polite 공손
② saw me out 배웅을 해주었다
③ drop in 들렀니
④ bow 경례
⑤ courteous 친절했어

E.

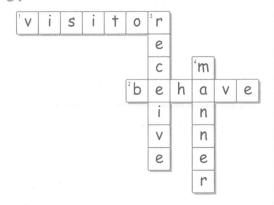

A.

① 의류   ② 보증
③ 물건 사는 고객   ④ 스타일
⑤ 쇼핑 가다   ⑥ 배달
⑦ 교환하다   ⑧ 소매시장
⑨ 아이쇼핑   ⑩ 상품

B.

① c. shopper
② a. department store
③ c. apparel
④ b. retail market
⑤ c. purchase

C.

① exchange
② wholesale market
③ products
④ delivery

D.

① department store 백화점
② style 스타일
③ shoppers 물건을 사려는 손님들
④ retail market 소매시장
⑤ apparel 의류

E.

① WMEKRTLWJETISIEKFREXCHANGEOWKEORPALDJ
② EKWOWPDXKFJHAHDMNFKWARRANTYJGWJEIQO
③ DKFLWOXJSKDPURCHASETSKDLAPGFXNFMSKK
④ DKWIEORTKANXJDFKWPEIOTLUXURYEDKWEORJ

A.

① 개화　　　　② 눈송이
③ 가을　　　　④ 장마철
⑤ 가뭄　　　　⑥ 봄바람
⑦ 매우 추운　　⑧ 무더운
⑨ 황사　　　　⑩ 홍수

B.

① c. blossom　　② b. sticky
③ b. spring breeze　④ a. misty
⑤ c. sweltering

C.

① dust storm　　② blossom
③ flood　　　　④ frigid

D.

① spring breeze 봄바람
② sweltering 무더운　③ blossom 꽃피는 것
④ flood 홍수　　　⑤ spring chill 꽃샘 추위

E.

g	s	h	n	j	u	p	a	c	d
t	n	u	d	r	o	u	g	h	t
u	o	p	l	d	v	f	h	y	j
k	w	d	e	t	g	b	h	n	j
u	f	k	f	r	i	g	i	d	e
y	l	e	v	h	v	g	n	h	k
z	a	v	g	n	h	n	j	i	e
e	k	g	a	u	t	u	m	n	d
e	e	u	j	k	r	t	u	k	k

A.

① 예측 불허의　② 예보하다
③ 폭풍우　　　④ 예측하다
⑤ 보고　　　　⑥ 해가 비치는
⑦ 기상 예보자　⑧ 온도
⑨ 소나기　　　⑩ 음침한

B.

① b. lightning　② a. report
③ b. temperature　④ c. gloomy
⑤ b. weatherman

C.

① lightning　　② shower
③ thunderstorm　④ gloomy

D.

① unpredictable 예측이 불가능하다
② temperature 온도
③ forecasts 예보한다
④ shining 빛나고 있어요
⑤ humid 습한

E.

236

35 | 직업 2 Occupations II (156쪽)

A.
① 미용사　② 연예인
③ 판사　④ 사서
⑤ 배관공　⑥ 재단사
⑦ 판매원　⑧ 정비사
⑨ 가정교사　⑩ 교환원

B.
① c. entertainer　② a. tutor
③ c. librarian　④ b. hairdresser
⑤ a. mechanic

C.
① fisherman　② tailor
③ plumber　④ farmer

D.
① tutor 가정교사 선생님　② operator 교환원
③ librarian 사서　④ hairdresser 미용사
⑤ secretary 비서

E.
① SKELTPWLKEKTOWPEKYTKENTERTAINERQWKEIT
② WKELTOQPESALESPERSONKWKELTOQPELTIWLE
③ WKELTOQPEWLEOTAILORJWKEOTLQPDLGJKAKL
④ WKELTOQPEKTKJPLUMBERJWKEITOQJEKTJHSB

36 | 장소 Places (160쪽)

A.
① 호텔　② 제과점
③ 슈퍼마켓　④ 소방서
⑤ 우체국　⑥ 도서관
⑦ 시청　⑧ 병원
⑨ 주차장　⑩ 식당

B.
① c. bakery　② a. restaurant
③ c. library　④ b. parking lot
⑤ c. post office

C.
① restaurant　② bakery
③ supermarket　④ police station

D.
① police station 경찰서
② fire station 소방서
③ shoe stores 신발가게들
④ stationery store 문구점
⑤ hospital 병원

E

a	r	y	a	l	r	p	o	r	t
l	j	f	k	i	r	u	i	o	d
i	y	m	n	a	s	t	i	c	e
b	g	y	j	d	j	r	u	t	i
r	e	s	t	a	u	r	a	n	t
a	w	y	e	f	x	g	c	v	b
r	g	n	j	k	b	q	e	t	h
y	o	h	o	s	p	i	t	a	l

37 | 음식 Food
(164쪽)

A.
① 스파게티　② 소스
③ 채소　④ 외식하다
⑤ 국수　⑥ 소화하다
⑦ 바다가재　⑧ 맛있는
⑨ 식욕　⑩ 쇠고기

B.
① c. hamburger　② b. omelet
③ c. vegetable　④ a. lemonade
⑤ c. eat out

C.
① omelet　② digesting
③ vegetable　④ beef

D.
① Spaghetti 스파게티　② sandwich 샌드위치
③ noodles 국수　④ sauce 소스
⑤ lemonade 레몬에이드

E.

							4o		
		3d					m		
1v	e	g	e	t	a	b	l	e	
		l					e		
		i					t		
		c							
2d	i	g	e	s	t				
		o							
		u							
		s							

38 | 동물 Animals
(170쪽)

A.
① 돌고래　② 타조
③ 백조　④ 동물병원
⑤ 홍학　⑥ 도마뱀
⑦ 얼룩말　⑧ 동물에게 먹이를 주다
⑨ 코요테　⑩ 하마

B.
① c. lizard　② b. coyote
③ c. animal clinic　④ a. ostrich
⑤ b. fox

C.
① ostrich　② keep animals
③ lizard　④ swan

D.
① hippopotamus 하마
② Zebras 얼룩말들
③ coyote 코요테
④ Dolphins 돌고래
⑤ animal clinic 동물병원

E.
① WLEKJTLKJQPODFNAWKJHWOODPECKERQPOWE
② SKJHDFIUWEOILIZARDOWLDKGPQLETXKDKELEOT
③ QJEKTISODLKHSOZMDJGKWLTPFEEDTWKEOTLSK
④ SKLFLAMINGOWLKJTPOQIWERPOIEKWLODKFMP

39 | 식물 Plants
(174쪽)

A.
① 잎사귀　　② 가시
③ 식물원　　④ 호두나무
⑤ 식물　　　⑥ 선인장
⑦ 단풍나무　⑧ 튤립
⑨ 소나무　　⑩ 잔디

B.
① c. grass　　② a. cactus
③ b. fragrance　④ c. walnut
⑤ a. botanical garden

C.
① Tulips　　② Herbs
③ leaves　　④ botanical garden

D.
① tulips 튤립
② botanical garden 식물원
③ walnut 호두
④ cactus 선인장
⑤ plants 식물

E.

e	t	g	h	y	u	i	o	p	l
q	h	f	r	y	d	v	f	i	b
h	o	y	u	j	m	e	t	n	e
y	r	u	w	d	r	f	g	e	b
g	n	f	h	j	y	u	a	w	e
t	f	g	g	r	a	s	s	f	g
b	h	d	j	o	q	p	e	v	g
q	f	r	a	g	r	a	n	c	e

40 | 자연현상 Nature
(178쪽)

A.
① 지진　　　② 태풍
③ 기상경보　④ 토네이도
⑤ 재해　　　⑥ 무지개
⑦ 천둥　　　⑧ 허리케인
⑨ 기상관측　⑩ 폭풍우

B.
① b. tsunami　　② c. thunder
③ c. earthquake　④ c. disaster
⑤ a. hurricane

C.
① rainbow　　② fog
③ weather warning　④ heavy snowfall

D.
① typhoon 태풍
② weather warning 기상경보
③ tsunami 쓰나미　④ earthquake 지진
⑤ rainbow 무지개

E.

41 | 생활필수품 Necessities (182쪽)

A.

① 수건   ② 빗
③ 세제   ④ 면도기
⑤ 화장지   ⑥ 치약
⑦ 비누   ⑧ 향수
⑨ 칫솔   ⑩ 쓰레기봉투

B.

① c. light bulb   ② b. toothpaste
③ c. shampoo   ④ a. detergent
⑤ c. razor

C.

① comb   ② garbage bags
③ towel   ④ shampoo

D.

① toilet paper 화장지
② towels 수건
③ toothpaste, soap 치약, 비누
④ light bulb 전구
⑤ toothbrush 칫솔

E.

① EKRKWJDETERGENTDWKEITOQPSKCMEKTPOWO
② ODKFLWIEPTKLQWSNDJSMRAZORIEKRKQOEPGK
③ DKFSHAMPOOXSKDLCMDJFKQOEPTLKYISIOEKM
④ EDKFLOEPTPPERFUMEKWOEODKWIEOTPQKETIY

42 | 축하하기 Congratulations (186쪽)

A.

① 격려하다   ② 졸업
③ 승진   ④ 진실로
⑤ 건배하다   ⑥ 축하
⑦ 기원하다   ⑧ 이루다
⑨ 마음에서 우러난   ⑩ 축하받다

B.

① b. promotion   ② c. truly
③ b. bless   ④ b. sincerely
⑤ c. cheer up

C.

① encourage   ② blesses
③ graduation   ④ promotion

D.

① make it 갈 수가
② Cheer up 기운 내
③ sincerely 진심으로
④ wedding anniversary 결혼기념일
⑤ hearty 진심어린

E.

t	g	w	g	t	h	u	j	b	k
r	l	a	d	v	s	g	e	l	u
u	o	p	l	k	m	j	u	e	g
l	h	t	o	a	s	t	d	s	x
y	g	e	h	w	t	u	o	s	q
e	r	g	t	h	y	j	n	m	d
g	r	a	d	u	a	t	i	o	n

43 | 유행 Fashion (190쪽)

A.

① 최신의   ② 유행의
③ 모델   ④ 최신의
⑤ 현재의   ⑥ 유행
⑦ 이끌다   ⑨ 유행이 지난
⑨ 패션쇼   ⑩ 유행이 뒤쳐진

B.

① c. current   ② a. vogue
③ c. fashionable   ④ a. lead
⑤ c. recent

C.

① latest   ② stylish
③ behind, times   ④ up to date

D.

① behind the times 구식이시
② stylish 유행하는
③ fashion show 패션쇼
④ out of style 유행에 뒤쳐졌
⑤ vogue 유행

E.

```
┌─┬─┬─┬─┬─┬─┬─┬─┬─┬─┐
│f│a│s│h│i│o│n│a│b│l│e
└─┼─┘             └─┼─┘
  │n                │a│
  │c│               │t│
  │i│        ┌─┬─┬─┬─┼─┬─┐
  │e│        │r│e│c│e│n│t│
  │n│        └─┴─┴─┴─┼─┘
  │t│                │s│
                     │t│
```

44 | 길 찾기 Finding Ways (194쪽)

A.

① 도시   ② 곧바로
③ 표지판   ④ 도로
⑤ 인도   ⑥ ~옆에
⑦ 주소   ⑧ 신호등
⑨ 거리   ⑩ 모퉁이

B.

① c. bus stop   ② a. traffic light
③ c. corner   ④ b. crosswalk
⑤ b. straight

C.

① corner   ② straight
③ cities   ④ address

D.

① bus stop 버스 정류장   ② way 길
③ sign 표지판   ④ address 주소
⑤ sidewalk 인도

E.

① ELWKELTPSLDKSTRAIGHTAWLEOTPOKTLQLKPOI
② LKSDJFGPOIWJETOPIWUETCROSSWALKIOWLEJ
③ ALSKDJWPEORILWKTJSTREETPSLDKFJWETPOIX
④ SKGDJBRIDGEFGLWKJOGFILXKVMATPOIPGIOI

45 | 가격 묻기 Asking Price (198쪽)

A.
① 할인 중인 ② 비용이 들다
③ 절약하다 ④ 바가지 쓰다
⑤ 환불하다 ⑤ 지불하다
⑦ 정가 ⑧ 신용카드
⑨ 소매가격 ⑩ 거래

B.
① c. refund ② a. rip off
③ c. bargain ④ b. discount
⑤ c. pay for

C.
① cost ② expensive
③ list price ④ ripped off

D.
① on sale 세일 중인
② paid, for 지불하셨다
③ retail price 소매가격
④ bargain 거래
⑤ refund 환불

E.

h	e	x	p	e	n	s	i	v	e
r	w	g	t	h	u	i	o	q	d
e	r	u	e	f	g	b	h	n	a
t	t	f	w	t	g	s	a	v	e
u	s	g	h	j	j	a	a	c	f
r	r	r	e	c	e	i	p	t	d
n	t	j	k	f	a	f	s	g	d
r	f	j	e	y	u	r	u	e	r

46 | 휴일 Holidays (202쪽)

A.
① 국기 ② 공휴일
③ 새해 ④ 개최하다
⑤ 존경하다 ⑥ 준비하다
⑦ 근로자의 날 ⑧ 기초
⑨ 추수감사절 ⑩ 축하

B.
① c. Labor Day ② b. celebration
③ a. holiday ④ c. foundation
⑤ a. Valentine's Day

C.
① New Year's Day
② respect
③ Memorial Day
④ makes arrangements for

D.
① Memorial Day 현충일
② national flag 국기
③ Children's Day 어린이날
④ holiday, Labor Day 근로자의 날, 휴가
⑤ celebration 축하

E.

A.

① 체중을 감량하다   ② 이상한
③ 닮다   ④ 화장
⑤ 평범한   ⑥ 몸매를 유지하다
⑦ 잘생긴   ⑧ 매력적인
⑨ 통통한   ⑩ 성형수술

B.

① c. charming   ② b. overweight
③ b. makeup   ④ c. lose weight
⑤ a. ordinary

C.

① resemble   ② appearance
③ handsome   ④ ordinary

D.

① charming 매력적인
② overweight 과체중
③ plastic surgery 성형수술
④ odd 이상한
⑤ lose weight 살 빼는지

E.

① SKEJTSKEITOLKDGPRESEMBLEPDLWOTPLSODK
② RKTOWPRLTOWKXMNSLKDOICHUBBYPGWKEOTP
③ ATATTRACTIVEDERLSOERPYLSDKGIKWORLGXKS
④ FLFLGWPGKHANDSOMEROGOSSKDOTPWKXJUX

A.

① 밋밋한   ② 맛이 강한, 매운
③ 맛이 단   ④ 맛
⑤ 군침이 돌다   ⑥ 메스꺼운
⑦ 맛없는   ⑧ 날 것의
⑨ 상한   ⑩ 기름진

B.

① c. water   ② a. flavor
③ b. disgusting   ④ c. stale
⑤ a. raw

C.

① raw   ② tough
③ stale   ④ Spicy

D.

① tasteless 맛 없는 것
② disgusting 메스꺼운
③ watering 군침이 흐르고 있었다
④ crispy 바삭바삭한
⑤ flavor 맛

E.

d	g	h	y	j	m	j	h	e	r
g	s	p	i	c	y	g	y	h	o
u	k	i	p	a	c	d	f	v	i
e	t	y	u	w	g	h	l	j	l
p	q	d	e	v	g	h	a	m	y
u	i	o	a	w	d	r	t	f	h
t	u	e	t	b	h	k	u	o	p
w	s	u	g	a	r	y	d	f	g

A.

① 2월   ② 5월
③ 10월   ④ 7월
⑤ 1월   ⑥ 12월
⑦ 6월   ⑨ 8월
⑨ 음력   ⑩ 3월

B.

① b. August   ② c. December
③ b. February   ④ c. April
⑤ c. March

C.

① December   ② November
③ April   ④ August

D.

① October 10월   ② January 1월
③ July 7월
④ lunar calendar 음력 달력
⑤ May 5월

E.

A.

① 후식   ② 뷔페
③ 금연석   ④ 영수증
⑤ 포도주   ⑥ 웨이터
⑦ 특별요리   ⑧ 음료수
⑨ 현금 아니면 크레딧 카드로   ⑩ 결정하다

B.

① b. wine   ② c. beverage
③ a. meal   ④ b. buffet
⑤ c. decide

C.

① beverage   ② salt, pepper
③ special menu   ④ buffet

D.

① non-smoking seat 금연석
② Cash or charge 현금 또는 크레딧 카드
③ wine 와인
④ place an order 주문할
⑤ meals 끼

E.

① EKTIWPWMEKTRIODWEJRDECIDEOIJSLDKJFPWO
② KRLYPDFLTRBILLSDKQOTQLKWJRPOIASDFJKHH
③ SMDKROQIAPPETIZEROWOEIRUSKDJFHXCKV
④ LDFKGJBEVERAGEFSLDKWEOIRSLDKJFLSAKFJ